全国交通技工院校汽车运输类专业规划教材

汽车钣金基础

(汽车钣金与涂装、汽车装饰与美容专业用)

主编 姚秀驰
主审 万军海

人民交通出版社

内 容 提 要

本书是全国交通技工院校汽车运输类专业规划教材之一,主要介绍了车架式车身结构、大客车车身结构、整体式车身结构、金属的热处理、手工制作简单的成型作品、矫正变形的钣金件、气焊制作工艺品、钎焊焊接工艺、制作台类作品、制作箱类作品等内容。

本书是交通技工院校、中等职业学校的汽车钣金与喷涂、汽车装饰与美容专业的专业核心课程教材,也可作为汽车维修专业技术等级考核及培训用书和相关技术人员的参考用书。

图书在版编目(CIP)数据

汽车钣金基础 / 姚秀驰主编. ——北京:人民交通出版社,2013.5

全国交通技工院校汽车运输类专业规划教材

ISBN 978 - 7 - 114 - 10457 - 2

Ⅰ.①汽… Ⅱ.①姚… Ⅲ.①汽车 - 钣金工 - 高等职业教育 - 教材 Ⅳ.①U472.4

中国版本图书馆 CIP 数据核字(2013)第 048096 号

书　　名:	汽车钣金基础
著 作 者:	姚秀驰
责任编辑:	曹延鹏
出版发行:	人民交通出版社
地　　址:	(100011)北京市朝阳区安定门外外馆斜街 3 号
网　　址:	http://www.ccpress.com.cn
销售电话:	(010)59757973
总 经 销:	人民交通出版社发行部
经　　销:	各地新华书店
印　　刷:	北京虎彩文化传播有限公司
开　　本:	787×1092　1/16
印　　张:	14.5
字　　数:	340 千
版　　次:	2013 年 5 月　第 1 版
印　　次:	2023 年 8 月　第 3 次印刷
书　　号:	ISBN 978-7-114-10457-2
定　　价:	32.00 元

(有印刷、装订质量问题的图书由本社负责调换)

交通职业教育教学指导委员会

汽车(技工)专业指导委员会

主 任 委 员：李福来

副主任委员：金伟强　戴　威

委　　　员：王少鹏　王作发　关菲明　孙文平
　　　　　　张吉国　李桂花　束龙友　杨　敏
　　　　　　杨建良　杨桂玲　胡大伟　雷志仁

秘　　　书：张则雷

Foreword 前言

　　教育部关于全面推进素质教育深化中等职业教育教学改革的意见中提出:"中等职业教育要全面贯彻党的教育方针,转变教育思想,树立以全面素质为基础、以能力为本位的新观念,培养与社会主义现代化建设要求相适应,德智体美劳全面发展,具有综合职业能力,在生产、服务、技术和管理第一线工作的高素质劳动者和中初级专门人才。"根据这一精神,交通职业教育教学指导委员会在专业调研和人才需求分析的基础上,通过与从事汽车运输行业一线行业专家共同分析论证,对汽车运输类专业所涵盖的岗位(群)进行了职业能力和工作任务分析,通过典型工作任务分析、行动领域归纳、学习领域转换等步骤和方法,形成了汽车运输类专业课程体系,于2011年3月,编辑出版了《交通运输类主干专业教学标准与课程标准》(适用于技工教育)。为更好地执行这两个标准,为全国交通运输类技工院校提供适应新的教学要求的教材,交通职业教育教学指导委员会汽车(技工)专业指导委员会于2011年5月启动了汽车运输类主干专业系列规划教材的编写。

　　本系列教材为交通职业教育教学指导委员会汽车(技工)专业指导委员会规划教材,涵盖了汽车运输类的汽车维修、汽车钣金与涂装、汽车装饰与美容、汽车商务等四个专业共26门专业基础课和专业核心课程,供全国交通运输类技工院校汽车专业教学使用。

　　本系列教材体现了以职业能力为本位,以能力应用为核心,以"必需、够用"为原则;紧密联系生产、教学实际;加强教学针对性,与相应的职业资格标准相互衔接。教材内容适应汽车运输行业对技能型人才的培养要求,具有以下特点:

　　1.教材采用项目、课题的形式编写,以汽车维修企业、汽车4S店实际工作项目为依据设计,通过项目描述、项目要求、学习内容、学习任务(情境)描述、学习目标、资料收集、实训操作、评价与反馈、学习拓展等模块,构建知识和技能模块。

　　2.教材体现职业教育的特点,注重知识的前沿性和全面性,内容的实用性和实践性,能力形成的渐进性和系统性。

　　3.教材反映了汽车工业的新知识、新技术、新工艺和新标准,同时注意新设备、新材料和新方法的介绍,其工艺过程尽可能与当前生产情景一致。

4. 教材满足汽车专业中级工应知应会的知识技能要求,突出了技能训练和学习能力的培养,符合专业培养目标和职业能力的基本要求,取材合理,难易程度适中,切合中技学生的实际水平。

5. 教材文字简洁,通俗易懂,以图附文,图文并茂,形象直观,形式生动,容易培养学员的学习兴趣,有利于提高学习效果。

本书根据交通职业教育教学指导委员会交通运输类主干专业"汽车钣金基础"课程标准和教学标准进行编写。它是交通技工院校、中等职业学校的汽车钣金与涂装、汽车装饰与美容专业的专业核心课教材。全书共分十个项目,分别从汽车车身的结构特点、金属的热处理、钣金常用工具和设备、钣金识图、展开、放样、手工工艺等基础出发,综合介绍气焊、钎焊、等离子切割、二氧化碳气体保护焊、电阻点焊等工艺流程,通过典型钣金构件的制作过程,加强实践环节对理论知识的理解。

本书由贵阳市交通技工学校姚秀驰担任主编,广州交通高级技工学校万军海担任主审。苏州建设交通高等职业学校郭有瑞、郑州交通技师学院卫斌、贵阳市交通技工学校王建参编。其中姚秀驰负责项目五、项目九的编写,郭有瑞负责项目一、二、三、四和项目十的编写,卫斌负责项目六、项目八的编写,王建负责项目七的编写,全书由姚秀驰统稿。本书在编写过程中,得到了部分汽车修理厂家和汽车4S店的支持,在此表示感谢。

由于编者经历和水平有限,教材内容难以覆盖全国各地的实际情况,希望各地教学单位在积极选用和推广本教材的同时,总结经验及时提出修改意见和建议,以便再版时进行修订。

交通职业教育教学指导委员会
汽车(技工)专业指导委员会
2013年2月

Contents 目录

项目一　车架式车身结构 1
　课题一　车架式车身类型 1
　课题二　车架式车身前车身结构 12
　课题三　车架式车身主车身结构 13
　项目小结 14
　练习题 15

项目二　客车车身结构 17
　课题一　客车车身结构特点 17
　课题二　客车车身结构 20
　课题三　大客车车身覆盖件 24
　项目小结 26
　练习题 26

项目三　整体式车身结构 28
　课题一　整体式车身结构特点 28
　课题二　前置后驱车身结构 33
　课题三　前置前驱车身结构 40
　项目小结 48
　练习题 48

项目四　金属的热处理 50
　课题一　金属材料的性能 50
　课题二　钢的热处理工艺 54
　课题三　简单热处理操作 66
　项目小结 69
　练习题 71

项目五　手工制作简单的成型作品 73
　课题一　钣金常用工具和设备 73
　课题二　钣金识图与绘制展开图 85
　课题三　制作洒水壶 111
　项目小结 121
　练习题 122

项目六　矫正变形的钣金件　124
课题一　钣金变形矫正的常用工具及方法　124
课题二　手工矫正钣金件　129
课题三　火焰矫正钣金件　135
项目小结　139
练习题　139

项目七　气焊制作工艺品　141
课题一　气焊设备与操作　141
课题二　气焊焊接工艺及要求　147
课题三　铝工艺品的焊接　150
项目小结　152
练习题　153

项目八　焊补散热器　156
课题一　钎焊焊接工艺　156
课题二　焊补散热器　161
项目小结　163
练习题　164

项目九　制作台类作品　165
课题一　常用气割工具与操作　165
课题二　等离子切割设备与操作　173
课题三　二氧化碳气体保护焊设备与操作　182
课题四　制作操作台　194
项目小结　197
练习题　198

项目十　制作箱类作品　200
课题一　电阻点焊　200
课题二　制作箱体　216
项目小结　219
练习题　219

参考文献　221

项目一 车架式车身结构

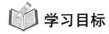

完成本项目学习后,你应能:

1. 认识车架的类型;
2. 了解车架式前车身的结构;
3. 熟悉车架式主车身结构。

 建议课时:12课时

一辆汽车的灵魂是什么？相信许多人会回答是发动机。不错,作为消费者,在考虑购买汽车时首先想到的也是发动机:它的排气量是多少,它的功率是多少等。但实际上,汽车除了发动机系统及其传动系统外,悬架和车架也不能被忽视。其实,一辆汽车的好坏,除了其动力系统外,车架也是要重点关注的,它直接关系到整辆车的行驶状态控制、耐用性、动力输出效率等。汽车最初的形式是房式马车结构。第二次世界大战后,车架设计发生了翻天覆地的改变。在今天,市场上能被我们认识的车架,主要分为车架式车身(即非承载式车身)和整体式车身(承载式车身)。由于所用材质或型材的不同还可分为铝制一体式车架、碳纤维车架、管式车架。本项目重点介绍车架式车身结构。通过本项目学习,大致了解其特点及构造,有助于我们更客观地评价车辆。

课题一 车架式车身类型

课题任务

1. 从材料上,车身最初采用_____车架,后又用钢管,到1911年采用了型钢——_____或槽钢制成车架。

2. 为了便于汽车转弯,并为汽车提供较好的支撑,车架都做成前部_____、后部_____的形状。

3. 车架式车身有独立的大梁,底盘_____,抗颠簸性能好,能吸收一部分由地面和发动机传来的振动和噪声,所以能改善乘坐_____,目前SUV和越野车用得比较多。

4. 按结构形式不同,车架式车身可分为_____车架、X形车架、_____车架和综合式车架等。

5. 某些高级轿车采用了IRS式车架,后车架与前车架用_____连接,这样_____

处的橡胶衬套也使整车获得一定的缓冲,从而进一步提高了汽车行驶平顺性。

课题内容

一、车身发展史

从19世纪末到20世纪初期,汽车车架均为木制,仅在某些小型汽车上部分采用钢管制车架(图1-1)。当时人们认为钢管式车架价格太贵,而且加大尺寸时又显得太软。据统计,1903年时,有32%的汽车采用木制车架,而采用钢管式车架的汽车仅占14%。至1911年,这两种车架均遭淘汰,取而代之的是型钢——由角钢或槽钢制成的车架。

世界上第一台由冲压件制成的车架是由巴乌尔·戴姆勒于1899年为自己的奥地利分厂设计的。然而,此结构一面世即遭到非议。为加大车轮转向角度,车架前部的纵梁须向内弯曲。传动轴的普及致使车架的后桥部位呈弯曲状,或由直纵梁组合制成。

至20世纪20年代,车架开始采用梯形结构,且前后部分均如此。此后不久,这种结构又进一步改进,车架的前轴处呈弯曲状而位于前轴之上。此结构用于跑车上有利于降低重心(前轴可置于弹簧之下),用于公共汽车上则制成若干阶梯,方便乘客上、下车。

图1-1 奔驰一号汽车(1885年)

此后,工程师艾·鲁姆普列尔一改传统的梯形结构,在车身呈水滴状的"特劳芬瓦根"车厢上采用与其车身相对应的山脊式结构车架。同时,汉斯·列德文卡为"太脱拉-11"设计出所谓山脊式结构车架——管径为110mm、壁厚为3mm的管状结构(图1-2)。

发动机、变速器及差速器壳体通过螺栓与车架相联并保持其承载功能。汉斯·列德文卡的设计中又将其前部改进成叉型结构专供固定发动机,并用于"奥地利—戴姆勒"车型上。在发动机后置的"梅赛德斯-130H"汽车(图1-3)上,叉型结构自然被移至车架后部。而在"汉兹"汽车上则采用箱式梁取代管状结构。

至20世纪30年代,山脊式结构车架产生新变化——呈X形。这种结构的生命力较强,至今俄罗斯的吉尔轿车(图1-4)仍有部分采用此结构车架。

随后,设计师的思路又开始转向承载式车身。1921年出产的兰西亚汽车车身即由钢板制成。从其本质上看,此车架已呈立体式,即已形成供安装车身壁板的侧板。为减轻自重,此车架上开了不少孔洞(图1-5)。

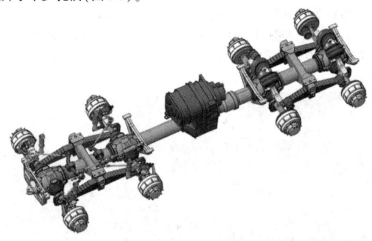

图1-2 山脊式结构车架

1927年,德国工程师古斯塔夫·列尔提出与此相类似的结构——低位箱式车架。这种车架将车身底板与薄钢板制成箱式梁连为一体。很快,此结构即被当时的各种汽车大量采用。而传统的梯形车架仅用于大吨位、大功率的美国汽车。

有约10年时间,汽车车身一直"依附"于车架而无法"独立"。因当时的车身大多为木制,而且呈曲线状的零件或为裁制而成,或为用小方木经蒸汽软化弯曲制成。有时须在木制骨架上蒙敷皮革。而后出现钢—木车身。如第二次

图1-3 梅赛德斯-130H汽车

图1-4 吉尔轿车

世界大战前的前苏联汽车3NC-101,其车身部分骨架为方木制成。而此前不久,德国工程师拉比曾制成一辆车身为承载式结构的微型汽车。该车车身由小方木纵、横梁连接胶合板而制成。这种车身(当然比金属车身便宜得多)曾应用于1928~1937年间生产的汽车上。

20世纪30年代中期,因车架结构已变得极为复杂,汽车制造者们才开始真正采用全

金属承载式车身。1933年出产的兰西亚汽车(图1-6)的车身即为与底板上的十字形加强肋焊为一体式。雪铁龙-7型汽车钢制车身上加焊了管状纵梁及盒式横梁。1935年欧宝出产的"奥贝尔—奥林匹亚"车型则采用将冲压底板与质量小的空心型钢制成的加强件焊为一体的结构,其车身以类似架桥方式固定,并被称为"浮桥"式。前苏联的胜利牌汽车也采用类似的车身。

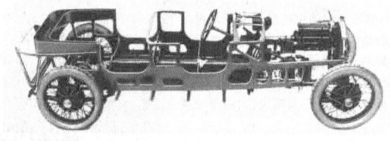

图1-5　1922款兰西亚Lambda汽车

图1-6　1933款兰西亚Artena汽车

最为轰动的是1934年美国克莱斯勒公司的产品——流牌轿车(图1-7):其骨架为一宽大的整体梯形车架,车身底板即焊在此车架上。这辆8缸5L排量的汽车成为世界上第一辆带有承载式流线型车身的汽车。

有趣的是,当时薄板式车身零件并不十分受欢迎。早在第二次世界大战之前即有人做过木制车身的试验。此结构严格限制对钢材的使用,但若以木材及皮革制成流线型车身并非易事。此后又有人试验在汽车上采用玻璃钢。前苏联于1964年就曾小批量生产过玻璃钢车身的小型客车。

薄板式车身底盘,现已应用在部分跑车及赛车上,多由铝制轻质立体式车架构成。而全铝制车身却因其价格昂贵及工艺问题未及推广。虽然第一批 29 辆名声显赫的梅赛德斯-300SL 跑车(图 1-8)为全铝制车身,但并不足以说明问题。铝制车身的设想在"本田-MSX"及"奥迪-A8"车型上得以真正实现。

图 1-7　1937 年克莱斯勒——流牌轿车

图 1-8　梅赛德斯-300SL 跑车

二、车架式车身的特点

由于车架式车身的车架和车身是分开的(图 1-9),所以说可以用一个公司的车架和另外一个公司的车身组合成一部车架式车辆。该特点在载重或一些特殊的车辆(工程车、消防车、垃圾清洁车等)上都有体现。某个品牌的车架,附有另一个特种车辆公司的车身。如果车架式车身车辆底盘较高,你都会看见贯穿前后的两个大梁(而整体式车身便看不到)。

在传统的车架式车身结构中,车架是汽车的底座(图 1-10),车身和汽车上所有主要零部件都固定安装在车架上(图 1-11)。车架必须有足够的强度来承受汽车运行时的各种荷载,甚至在发生碰撞时,仍能保持汽车其他部件的正常位置。因此,车架是汽车重要的部件之一。

现代汽车高强度钢车架的纵梁截面通常是 U 形槽截面或箱形截面,用来加强车架,使其在碰撞时能吸收大量的能量。

为了便于汽车转弯,并为汽车提供较好的支撑,车架都做成前部窄、后部宽的形状。

车身与车架通常用螺栓连接在一起。为了减少振动和噪声,在连接点处将特制的橡胶衬套置于车身与车架之间,将两者隔开(图 1-12)。某些高级汽车车身与车架之间还安装有减振器(图 1-13),可将汽车高速行驶时传至车身的振动减至最小。修理此类汽车时,应当小心,以免损坏减振装置。

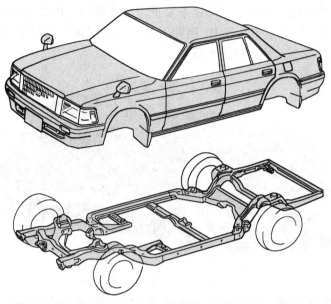

图 1-9　车架式车身的车架和车身

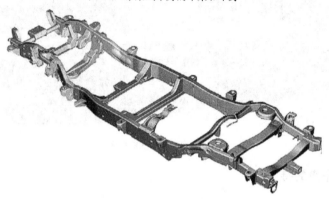

图 1-10　Hummer H2 2003 独立大梁

图 1-11　汽车上所有主要零部件都固定安装在车架上

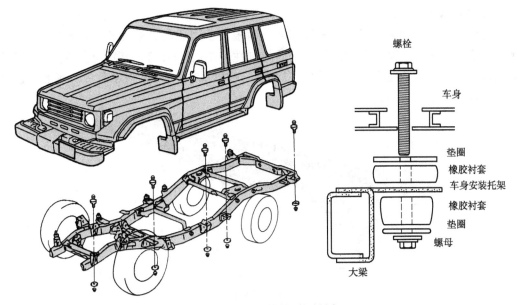

图 1-12　连接点处特制的橡胶衬套

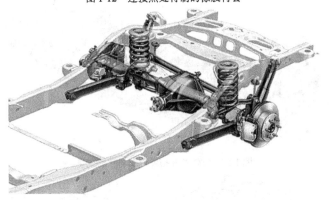

图 1-13　Chevrolet Tahoe LTZ 2007 独立大梁的后悬架

综上所述：

(1) 车架式车身的优点：有独立的大梁，底盘强度较高，车身以弹性元件与车架相连，车身除承受自重、货物、乘客的重力引起的载荷以及行驶时的空气阻力和惯性力外，其他的载荷则由车架承受，抗颠簸性能好。此外，即使四个车轮受力不均匀，也是由车架承担，而不会传递到车身上去。由于车身与车架的连接件能吸收一部分由地面和发动机传来的振动和噪声，所以能改善乘坐舒适性。以前的高级轿车通常采用这种形式的车身，现在 SUV 和越野车用得也比较多。

(2) 车架式车身也有其缺点：成本高，车身重，重心高，高速行驶时不是很平稳，转弯侧倾趋势大。另外，遇到危险(如翻车)的时候，厚重的底盘也会对相对薄弱的车身产生致命威胁。

三、车架式车身的车架

按车架的结构形式不同，可以分为梯形车架、X 形车架、框式车架和综合式车架等。

1. 梯形车架

梯形车架也叫边梁式车架。梯形车架由两根位于两边的纵梁和若干根横梁组成,用铆接法或焊接法将纵梁与横梁连接成坚固的刚性构架(图1-14)。其特点是强度好,但是舒适性差。该车架曾在轿车上使用过(图1-15),现已基本不采用,但在载货车辆上还是最常见的车架类型(图1-16)。

图1-14 梯形车架

图1-15 雪佛兰开拓者汽车的梯形车架

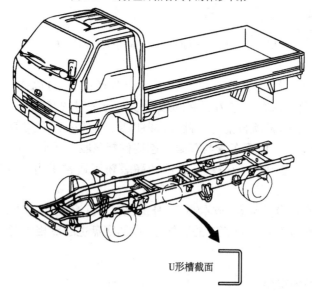

图1-16 轻型载货汽车梯形车架及大梁的U形槽截面

2. X 形车架

X 形车架(图 1-17)特点是中间窄,刚性好,可以提高车架的扭转刚度,对于短而宽的车架(图 1-18),效果尤为显著,一般只用于轿车车架。由于这种车架侧面保护性不强,从 20 世纪 60 年代后期起很少使用。

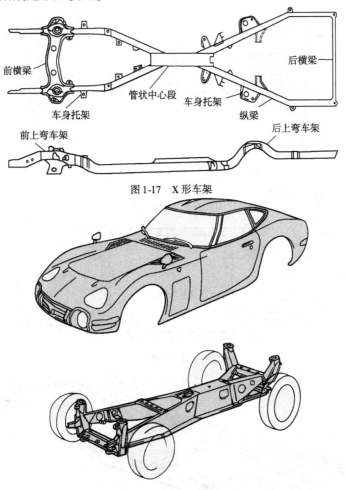

图 1-17 X 形车架

图 1-18 轿车 X 形车架

X 形车架是在脊背式车架(图 1-19)基础上改进而来的,脊背式车架最大的特征是有一根位于中央贯穿前后的纵梁,传动轴和管路是封闭在中间大梁中的(图 1-20),中间大梁构成车辆的主干。

3. 框式车架

框式车架如图 1-21 所示,框式车架的纵梁在其最大宽度处支撑着车身,在车身受到侧向冲击时可为乘客提供保护,受到侧向冲击时安全性较好。在前车轮后面和后车轮前面的区域分段形

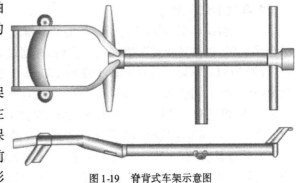

图 1-19 脊背式车架示意图

成扭力箱结构(图1-22),在正面碰撞中可吸收大部分的能量;前后上弯车架在碰撞中吸收冲击振动。为了减少振动和噪声,在连接点处将特制的橡胶垫置于车身与车架之间将它们隔开。框式车架的中车架梁可以使乘员室地板做得比其他形式车架的车低,可降低汽车重心高度,是大多数传统车架所采用的形式。目前所使用的大多数车架都是框式车架。

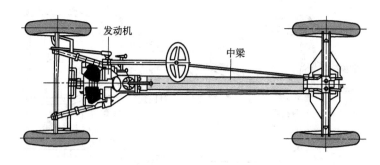

图1-20　脊背式车架结构图

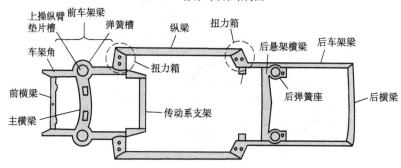

图1-21　框式车架

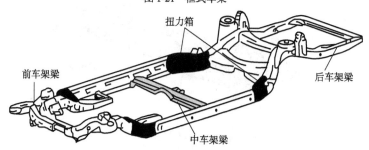

图1-22　框式车架

4. 其他形式车架

(1)综合式车架(图1-23)。车架前部是框式车架,而后部是X形车架,这种车架称为综合式车架(也称复合式车架)。它同时具有框式车架和X形车架的特点。

(2)桁架式车架。竞赛汽车及特种汽车(图1-24)常采用桁架式车架,由钢管组合焊接而成(图1-25),再将零部件装在这个框架上,这种车架兼有车架和车身的作用。它的生产工艺简单,很适合小规模的作坊作业。20世纪50~70年代是钢管车架的全盛时期。例如当时在英国有很多小规模的车厂生产各式各样的汽车,都是用自行开发制造的钢管车架。

时至今日,只有一些产量较小的跑车厂(如LAMBORGHINI和TVR)仍采用钢管车架,原因是可以省去冲压设备的巨大投资。由于对钢管车架进行局部加强十分容易(只需加焊钢管),在质量相等的情况下,可以得到比承载式车架更强的刚度,这也是很多跑车厂仍乐于用它的原因。但其缺点是空间利用率不高等。

图 1-23　综合式车架

图 1-24　桁架式车架汽车

图 1-25　桁架式车架

(3)平台式车架(图 1-26)。它是一种将底板从车身中分出来,而与车架组成一个整体的结构,车身通过螺栓与车架相连接。

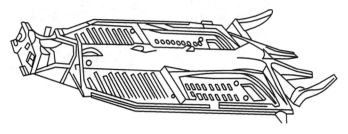
图 1-26　桁架式车架

(4)IRS 式车架(图 1-27)。某些高级轿车采用了 IRS 式车架,后部车架与前部车架用活动铰链连接,后驱动桥总成安装在后车架上,半轴与驱动轮之间用万向节连接。后独立悬架连接在后车架上。独立悬架可使汽车获得良好的行驶平顺性,而且活动铰链点处的橡胶衬套也使整车获得一定的缓冲,从而进一步提高了汽车行驶平顺性。

（5）半车架（图1-28）。曾经有些轿车为了减小车架质量,尽量做到轻量化,采用了半车架。

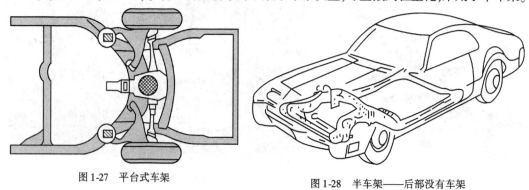

图1-27　平台式车架　　　　　　　　　　图1-28　半车架——后部没有车架

课题二　车架式车身前车身结构

前车身由散热器支架、_____、前挡泥板、_____和发动机罩盖等构成。请在下图中找出各部件并将名称填写在相应的方框内。

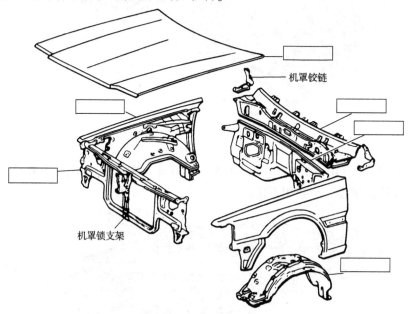

课题内容

前车身部分由散热器支架、前翼板、前挡泥板、前围板和发动机罩盖等构成,如图1-29

所示。散热器支架由上、下、左、右四根支架焊接而成一个单独的结构。散热器支架、前翼板和前挡泥板用螺栓连接成一体。

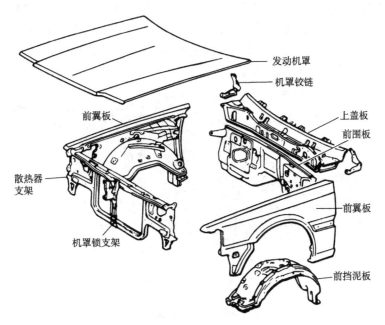

图 1-29 车架式车身前车身结构

课题三　车架式车身主车身结构

1. 请完成下图主车身结构件的认识与填写。

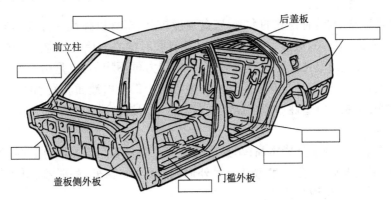

2. 请完成下列题目的填空。
(1) 乘员室和行李舱_____在一起构成主车身。
(2) 下车身的前面有_____，供传动轴通过。
(3) 下车身前端与_____焊接在一起，再连接到车架上。

课题内容

主车身(图1-30)由围板、下车身、前车身立柱、车身中柱、顶板、前盖板、后盖板等组成,它们形成乘员室和后备舱。乘员室和行李舱焊接在一起构成主车身。围板由左右前车身立柱、内板、外板、盖板组成。下车身的前面有一传动轴槽,供传动轴通过。下车身前端与横梁焊接在一起再连接到车架上。

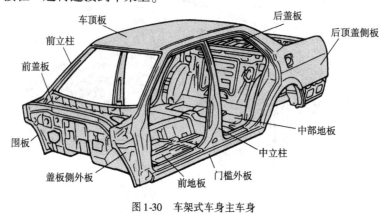

图1-30 车架式车身主车身

项 目 小 结

1.车架是汽车的底座,车身和汽车上所有主要零部件都固定安装在车架上。车架必须有足够的强度来承受汽车运行时的各种荷载,甚至在发生碰撞时,仍能保持汽车其他部件的正常位置。车身与车架通常用螺栓连接在一起。为了减少振动和噪声,在连接点处将特制的橡胶衬套置于车身与车架之间将它们隔开。

2.为了便于汽车转弯,并为汽车提供较好的支撑,车架都做成前部窄、后部宽的形状。

3.现代汽车高强度钢车架的纵梁截面通常是U形槽截面或箱型截面,用来加强车架,碰撞时能吸收大量的能量。

4.车架式车身优点:有独立的大梁,底盘强度较高,车身以弹性元件与车架相连,车身除承受自重、货物、乘客的重量引起的载荷以及行驶时的空气阻力和惯性力外,其他的载荷则由车架承受,抗颠簸性能好。此外,4个车轮受力再不均匀,也是由车架承担,而不会传递到车身上去。由于车身与车架的连接件能吸收一部分由地面和发动机传来的振动和噪声,所以能改善乘坐舒适性。以前高级轿车常常采用这种形式的车身,现在SUV和越野车用得比较多。

5.车架式车身的缺点是成本高,车身重,重心高,车身和车架是刚性连接的,在道路上行驶的时候,不是很平稳,会产生振动。另外遇到危险(如翻车)的时候,厚重的底盘也会对相对薄弱的车身产生致命威胁。

6.按车架的结构形式不同可以分为梯形车架、X形车架、框式车架和综合式车架等。

7.梯形车架由两根位于两边的纵梁和若干根横梁组成,用铆接法或焊接法将纵梁与横梁连接成坚固的刚性构架。其特点是强度大,舒适性差,现在轿车上基本不用,但在货车上则是最常见的车架类型。

8. X形车架：中间窄，刚性好，可以提高车架的扭转刚度，对于短而宽的车，效果尤为显著，一般只用于轿车车架。由于这种车架侧面保护性不强，从20世纪60年代后期起很少使用。

9. 脊背式车架最大的特征是一根纵梁位于中央，贯穿前后的传动轴和管路是封闭在中间大梁中的，中间大梁构成车辆的主干。

10. 框式车架的纵梁在其最大宽度处支撑着车身，在车身受到侧向冲击时可为乘客提供保护，受到侧向冲击时安全性较好。在前车轮后面和后车轮前面的区域分段形成扭力箱结构，在正面碰撞中可吸收大部分的能量；前后上弯车架在碰撞中吸收冲击振动。为了减少振动和噪声，在连接点处将特制的橡胶衬套置于车身与车架之间将它们隔开。框式车架的中心车架梁可以使乘员室地板做得比其他形式车架的车低，可降低重心高度，是大多数传统车架所采用的形式。目前所使用的大多数车架都是框式车架。

11. 车架式车身前车身部分由散热器支架、前翼板和前挡泥板构成。散热器支架由上、下、左、右4根支架焊接而成一个单独的结构。散热器支架、前翼板和前挡泥板用螺栓连接成一体。

12. 车架式车身主车身由围板、下车身、前车身立柱、车身中柱、顶板、前盖板、后盖板等组成。它们形成乘员室和行李舱；乘员室和行李舱焊接在一起构成主车身。围板由左右前车身立柱、内板、外板、盖板组成。下车身的前面有一传动轴槽，供传动轴通过。下车身前端与横梁焊接在一起，再连接到车架上。

练习题

一、填空题

1. ＿＿＿＿＿式车身又被称为非承载式车身，整体式车身又被称为＿＿＿＿＿式车身。

2. 铝制车身因其＿＿＿＿＿及＿＿＿＿＿未及推广。

3. 在传统的车架式车身结构中，＿＿＿＿＿是汽车的底座，车身和汽车上所有主要零部件都固定安装在＿＿＿＿＿上。车架必须有足够的＿＿＿＿＿来承受汽车运行时的各种荷载，甚至在发生碰撞时，仍能保持汽车其他部件的正常位置。因此，车架是汽车最重要的部分。

4. 现代汽车高强度钢车架的纵梁截面通常是＿＿＿＿＿截面或＿＿＿＿＿截面，用来加强车架，碰撞时能吸收大量的能量。

5. 为了便于汽车转弯，并为汽车提供较好的支撑，车架都做成＿＿＿＿＿窄、＿＿＿＿＿宽的形状。

6. 车身与车架通常用＿＿＿＿＿连接在一起。为了＿＿＿＿＿，在连接点处将特制的橡胶衬套置于车身与车架之间将它们隔开。

7. 由于＿＿＿＿＿与＿＿＿＿＿的连接件能吸收一部分由地面和发动机传来的振动和噪声，所以能改善乘坐舒适性，以前高级轿车常常采用车架的车身，现在SUV和越野车用得比较多。

8. 按车架的结构形式不同可以分为＿＿＿＿＿车架、＿＿＿＿＿车架、＿＿＿＿＿车架和＿＿＿＿＿车架等。

9.梯形车架由两根位于两边的纵梁和若干根横梁组成,用_____法或_____法将纵梁与横梁连接成坚固的刚性构架。其特点是_____好,_____差,现在轿车上基本不用,但在载货车辆上是最常见的车架类型。

10.车架式车身前车身部分由散热器支架、_____和_____构成。散热器支架由上、下、左、右4根支架焊接而成一个单独的结构。散热器支架、前翼板和前挡泥板用螺栓连接成一体。

二、判断题

1.车架式车身有独立的大梁,底盘强度较高,车身以弹性元件与车架相连,车身除承受自重、货物、乘客的重力引起的载荷以及行驶时的空气阻力和惯性力外,其他的载荷则由车架承受,抗颠簸性能好。( )

2.车架式车身的优点之一:四个车轮受力不均匀,也是由车架承担,而不会传递到车身上去。( )

3.车架式车身成本高,车身重,重心高,车身和车架是刚性连接的,在公路上行驶的时候,不是很平稳,会产生振动。( )

4.车架式车身的缺点之一:遇到危险(如翻车)的时候,厚重的底盘,会对相对薄弱的车身产生致命威胁。( )

5.梯形车架由两根位于两边的纵梁和若干根横梁组成,用铆接法或焊接法将纵梁与横梁连接成坚固的刚性构架。( )

6.X形车架特点是强度大,舒适性差,现在轿车上基本不用,但在货车上则是最常见的车架类型。( )

7.梯形车架:中间窄,刚性好,可以提高车架的扭转刚度,对于短而宽的车,效果尤为显著,一般只用于轿车车架。( )

8.脊背式车架最大的特征是一根纵梁位于中央,贯穿前后的传动轴和管路是封闭在中间大梁中的,中间大梁构成车辆的主干。( )

9.框式车架的纵梁在前车轮后面和后车轮前面的区域分段形成扭力箱结构,在正面碰撞中可吸收大部分的能量;前后上弯车架在碰撞中吸收冲击振动。( )

10.框式车架的中车架梁可以使乘员室地板做得比其他形式车架的车低,可降低重心高度,是大多数传统车架所采用的形式。( )

三、简答题

1.简述车架式车身的构造。
2.车架式车身的特点有哪些?
3.车架式车身的种类有哪些?
4.梯形车身的特点是什么?
5.X形车身的特点是什么?
6.框式车身的特点是什么?
7.简述架式车身前车身的构成。
8.简述架式车身主车身的构成。

项目二　客车车身结构

学习目标

完成本项目学习后,你应能:
1. 认识客车车身结构的特点;
2. 熟悉客车车身的结构件和覆盖件。

建议课时:8 课时

客车是指载客45人以上的乘用车。客车在我国汽车的生产数量中占相当大的比重,近几年来发展迅速。客车,特别是豪华型大客车(图2-1),在现今客运中起着重要的作用。近年来,世界各种先进水平的车辆,如沃尔沃、凯斯鲍尔、大宇等型号客车大量投入营运,这类客车车身结构特殊,技术含量高,给修理行业提出了更高的要求,因此有必要对客车的车身修理提出专门研究。车身是客车的三大总成之一,客车、轿车和多数专用车身总成质量占整车质量的40%~60%,制造成本占整车制造成本的60%左右。虽然现代汽车的生产大量采用机械化和自动化,但车身许多部件的生产和装配必须由手工操作来完成,特别是车身的内、外装饰和附件的装配等。

图2-1　豪华客车

课题一　客车车身结构特点

课题任务

1. 现代客车按_____可分为旅行客车、城市客车、公路客车和特种客车。
2. 旅行客车是一种小型客车,座位数不超过_____个。
3. 双层客车较单层客车的载客数_____,但重心较_____,行驶稳定性较_____。

课题内容

一、客车分类

客车按用途可分为旅行客车、城市客车、公路客车和特种客车。

1. 旅行客车

旅行客车如图2-2所示,是一种小型客车,座位数不超过17个。根据其外观形状,俗称"面包车"。旅行客车机动灵活,有较高的乘坐舒适性。

2. 城市客车

城市客车如图2-3所示,是一种行驶于城市和城郊的大型客车,常见的是城市客车。车厢中除设有座位外,还有供乘客站立和走动的较宽通道。有的城市客车的车厢分上、下两层,上层全部设座位,下层有座位和站位。双层客车较单层客车的载客数多,但重心较高,行驶稳定性较差。

图2-2 旅行客车

图2-3 城市客车

图2-4 公路客车

3. 公路客车

公路客车如图2-4所示,是行驶于城市间或乡镇间公路线上的大型客车,可分为长途客车和短途客车。长途客车的运距达数百公里,有的车厢内全部设座位;有的全部设铺位(俗称"卧铺车"),并有存放乘客随身行李的行李架或行李舱。短途客车的运距仅数十公里,车厢内除设有座位外,还有站位。专门存放行李的舱架一般很小,甚至没有。

4. 游览客车

游览客车,是供游览、观光乘坐的客车。座位间距较大,乘坐舒适,视野广阔,一般都有通风、取暖和制冷设备。高级的长途游览客车还有卧铺、卫生间、厨房和文娱室等。

课题任务

1. 现代客车多采用专用底盘,采用_____式承重框架并采用预应力_____,可有效地吸收外界的冲击能量,保护乘员安全,降低了车辆的_____,提高了行驶的_____性和_____性。

2.发动机_____置使车厢内的主要部分远离振动和噪声源,使车厢内部容积完整、流畅。

3.下车身前端与_____车厢布局整体性强,乘坐环境被大大改善,有助于安置较大的行李舱和其他辅助设备,如空调等。

课题内容

二、客车车身结构特点

相对于其他车辆,现代客车具有如下特点:

(1)现代客车多采用专用底盘,采用整体式承重框架并采用预应力蒙皮,可有效地吸收外界的冲击能量,保护乘员安全,降低了车辆的重心,提高了行驶的安全性和稳定性。

(2)现在的客车采用了发动机后置、横置、后轮驱动方式(图2-5)。发动机后置使车厢内的主要部分远离振动和噪声源,使车厢内部容积完整、流畅。

(3)车厢布局整体性强,乘坐环境大大改善,有助于安置较大的行李舱和其他辅助设备,如空调等。特别是高档客车,驾驶区域的设计(图2-6)有其完整的理论和实践依据,可最大限度地减少驾驶人的疲劳。车内各种设施更注重成员的居住性,一般有酒吧、卫生间、音像系统(图2-7),有的车还设有会议室(图2-8)、厨房和卧室(图2-9)等。

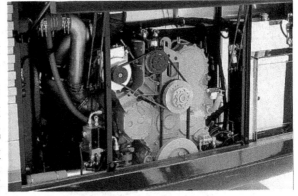

图2-5　豪华客车发动机放置

图2-6　豪华客车驾驶区域

图2-7　豪华客车音像系统

图 2-8 豪华客车会议室

图 2-9 豪华客车卧室

课题二　客车车身结构

　课题任务

1. 请完成下列题目的填空。
（1）低端客车多采用_____式车身结构。
（2）采用_____式车身的客车是三层式结构，即上硬、中软、下硬。
2. 请完成下图车身结构的认识与填写。

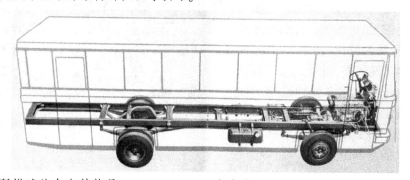

上图所描述的车身结构是_____式车身。

　课题内容

一、非承载式车身

非承载式车身如图 2-10 所示，其载荷主要由底部车架（图 2-11）承担。车身的构件主要是金属薄板经冲压成型，构件之间配以加强板用铆接方式连接。这类结构质量较小，维修方便，而刚度较小。

低端客车多采用这种结构。从力学角度分析，低端客车有载货车的柔性车架；从扭转刚性角度看，客车上层车厢和下层车轴间的钢板弹簧悬架都是刚性的，当道路坑洼不平时，中层的柔性车架除了负担全部承载外还起到关键的缓冲层的作用，所以采用非承载式车身的客车是三层式结构,即上硬、中软、下硬。

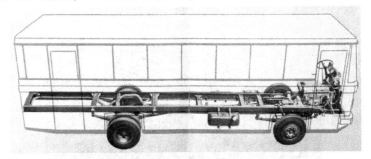

图 2-10　非承载式车身结构

图 2-11　非承载式车身底部车架

1. 请完成下列题目的填空。

(1) 承载式车身按_____不同,可分为基础承载式和整体承载式两种。

(2) 整体承载式车身的特点是汽车没有车架,_____就作为发动机和底盘各总成的安装平台。

(3) 基础承载式车身结构通常在_____客车上采用。

(4) 由于整体承载车身是整体格栅式结构,使得整车在受力时能够迅速将力分散到_____。因此,整体承载车身客车的_____性能比较好。

(5) 采用_____结构车身的客车比采用半承载结构车身的客车质量减少 250～350kg。因此,整体承载客车还具有燃油经济性高的特点。

2. 请完成下图车身结构的认识与填写。

(1) 下图所描述的车身结构是_____式车身下部结构。

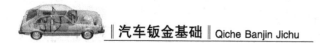

(2)下图所描述的车身结构是＿＿＿＿＿＿式车身。

二、承载式车身

承载式车身按车身上下受力程度不同,又分为基础承载式和整体承载式两种。

1. 基础承载式车身

基础承载式车身结构一般采用异型钢管在模具上焊接而成(图2-12),外蒙皮用厚度0.8mm左右的薄钢板采用预应力的方法,以保证车身面的平整顺滑,外观挺拔。基础承载式车身在结构上使车身侧围腰线以下部分为主要承载件,车顶为非承载件,所以窗立柱较细,侧窗开口大,视野开阔,通透感强(图2-13);结构下部地板下的空间较大,地板离地面高度也较大(图2-14)。该车身通常在长途客车上采用。

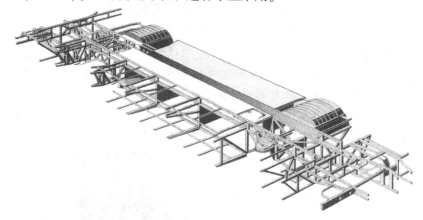

图2-12 基础承载式车身底架

2. 整体式承载车身

整体承载式车身结构如图2-15所示。为了降低客车的高度,省去了基础承载式车身底架结构,而将车身与底部建成一个整体的空间框架,载荷由车身——整体的空间框架承受。整体承载式车身的特点是汽车没有车架,车身就作为发动机和底盘各总成的安装平台。与半承载车身不同,整体承载车身的底架不是冲压成型后铆接车架式结构,而是由矩形管构成的格栅式结构。在这种情况下,车上各种载荷全部由汽车车身承受,这种设计使整个车身都可参与载荷。因为上下部结构形成了一个整体,在承受载荷时,整个车身壳体达到稳定平衡状态。由于车身是整体格栅式结构,使得整车在受力时能够迅速将力分散到车身各处,因此,整体承载车身客车的被动安全性能比较好。按照欧洲的客车被动安全测试,在客车发生意外时,特别是在翻滚和碰撞的情况下,这种结构车身不容易变形,能最大程度上保证车内乘客的安全;另外一方面,采用整体承载结构车身的客车比采用半承载结构车身的客车质量减少250~350kg,因此,整体承载客车还具有燃油经济性高的特点。整体承载式车身结构是高端客车的特征之一。

图 2-13 基础承载式车身上部结构

图 2-14 基础式承载车身下部结构

高端客车的首要特征是没有中间的软层—柔性车架,刚性底架与刚性车身构成一个刚性整体,承载车辆的全部负荷。由于其必须有优良的乘坐舒适性,硬的上层必须配制软的下层,因此高端客车的另一个特征就是具有空气弹簧独立悬架(图2-16)。

轿车和客车同为乘用车,高端客车与轿车同样具有整体承载刚性车身,所不同的是轿车车身全部是薄板冲压件组焊而成,而高端客车的车身是由型材骨架和蒙皮构成。二者都装有独立悬架,都属二层式结构。所不同的是轿车载质量小,一般都用螺旋弹簧做弹性元件;而客车载质量大,必须采用承载能力强的空气弹簧做弹性元件。

图2-15 整体承载式车身结构

图2-16 整体承载式客车空气弹簧独立悬架

延伸阅读

整体承载式车身技术可以形象地被称为"鸟笼结构",以前一直应用于飞机制造业的整体化框架结构技术。传统的客车在受撞击时底盘会移位,而由于整体承载客车的无底盘结构,使其在受力时能将力迅速分解到车身各处,同时整体承载客车抗扭曲的钢件设施强度也是其他普通汽车的3~6倍。可以说整体承载客车是我国目前最安全的客车之一。采用整体承载结构,使客车的行车更加具有敏捷性、平稳性、舒适性和安全性,再加上其低地板设计、人性化配置、低排放、环保化、乘客空间大等优势,体现出现代社会倡导的"科技领先,以人为本"的理念,也造就了整体承载客车独一无二的产品优势。

课题三 大客车车身覆盖件

课题任务

1. 大客车车身结构在_____上有大量的车身覆盖件,大客车的覆盖件较为简单,主要是用金属薄板压制或_____的方法按车身功能和外形需要进行制作。

2. 顶盖结构的技术要点是顶盖与骨架之间要有良好的密封,中间蒙皮与侧蒙皮之间以及蒙皮与骨架之间的连接尤其重要,无论是采用_____还是其他连接方法,最主要的是要有良好的_____性。

3. 侧围蒙皮是车身主要覆盖件,覆盖在_____的外表面,是车身外形的主要部分。

4. 为了使蒙皮达到光滑平整,使固定于车身表面的蒙皮内部存在张拉应力,常常采用_____蒙皮的工艺手段,这样可以增强骨架的_____和减少_____。

5. 拉铆工艺使用专用_____为工具,一个人就可以操作,工艺简单,操作方便,生产效率高,对骨架结构无特殊要求。

6. _____焊接具有质量好、焊接效率高、操作简便、成本较低、便于实现自动化等优点。

7. 由于蒙皮与骨架之间有粘结剂隔开,从而避免了金属之间的_____,延长了使用寿命。粘结蒙皮降低了噪声,也可以缓冲因_____变形对蒙皮产生的作用力。

课题内容

大客车车身结构在骨架上有大量的车身覆盖件。大客车的覆盖件较为简单,主要是用金属薄板压制或手工敲制的方法按车身功能和外形需要进行制作。外覆盖件虽为一个整体,按其位置分为前围蒙皮、顶盖蒙皮、侧围蒙皮和后围蒙皮,其结构和连接特点如下。

1. 前围蒙皮

前围蒙皮面积较小,但外形较复杂,常有一些孔、肋等结构,属空间曲面。

2. 顶盖蒙皮

顶盖蒙皮通常是由右侧蒙皮、左侧蒙皮、中间蒙皮组成。顶盖结构的技术要点是顶盖与骨架之间要有良好的密封性,中间蒙皮与侧蒙皮之间以及蒙皮与骨架之间的连接尤其重要,无论是采用焊接还是其他连接方法,最主要的是要有良好的密封性。

3. 侧围蒙皮

侧围蒙皮是车身主要覆盖件,覆盖在侧围骨架的外表面,是车身外形的主要部分。根据生产条件、材料及大客车的档次,蒙皮有整块、分块之分。按受力和连接方式又有以下类型。

(1) 应力蒙皮。将薄板件固定在同样面的骨架上,再用铆接或焊接方式将蒙皮与骨架紧密地固定在一起,两者共同参与承受载荷。

(2) 预应力蒙皮,又称张拉蒙皮。为了使蒙皮光滑平整,使固定于车身表面的蒙皮内部存在张拉应力,常常采用预应力蒙皮的工艺手段,这样可以增强骨架的强度和减少噪声。采用张拉蒙皮的车身骨架结构一般为异形钢管或冲压件结构,由于工艺复杂,其修理也较困难。

4. 后围蒙皮

后围蒙皮因功能要求不高,所以工艺要求也不高。如果是后置发动机就要有一个面积较大的上掀开门便于修理。

大客车的金属蒙皮与骨架的连接方式有以下几种。

(1) 铆接蒙皮。铆接分为双面对铆和单面拉铆。双面对铆采用实心铆钉,单面拉铆采用轴心铆钉,从而使蒙皮与骨架紧固。拉铆工艺使用专用拉铆枪为工具,一个人就可以操作,工艺简单,操作方便,生产效率高,对骨架结构无特殊要求。但这种工艺受铆钉质量、孔径质量和拉铆质量的影响,其蒙皮与骨架的紧固略差,一段时间以后,铆钉容易产生松动,严重的甚至脱落。

(2) 焊接蒙皮。蒙皮与骨架焊接,一般采用二氧化碳气体保护焊、单面点焊、电阻点焊等。二氧化碳保护焊焊接具有质量好、焊接效率高、操作简便、成本较低、便于实现自动化等优点。

(3) 粘结蒙皮。粘结是运用高强度粘结剂按一定的工艺要求,将蒙皮和骨架紧密地固定在一起,粘结剂因蒙皮的材料、所需的刚度和强度要求不同而异。由于蒙皮与骨架之间有粘结剂隔开,从而避免了金属之间的接触腐蚀,延长了使用寿命。粘结蒙皮降低了噪声,也可以缓冲因骨架变形对蒙皮产生的作用力。

项 目 小 结

1. 大客车是指载客 45 人以上的乘用车。车身是大客车的三大总成之一,客车、轿车和多数专用车身总成质量占整车质量的 40%~60%,各种车身的制造成本占整车制造成本的 60% 左右。

2. 现代大客车具有如下特点:现代大客车多采用专用底盘,采用整体式承重框架并采用预应力蒙皮;现在的客车采用了发动机后置、横置、后轮驱动方式。车厢布局整体性强,乘坐环境大大改善,有助于安置较大的行李舱和其他辅助设备。

3. 客车按用途可分为旅行客车、城市客车、公路客车和特种客车。

4. 非承载式车身载荷主要由底部车架承担。车身的构件主要是金属薄板经冲压成形,构件之间配以加强板用铆接方式连接。这类结构质量较小,维修方便,但刚度较小。

5. 基础承载式车身结构一般采用异形钢管在模具上焊接而成,外蒙皮用厚度 0.8mm 左右的薄钢板采用预应力的方法,以保证车身面的平整顺滑,外观挺拔。基础承载式车身在结构上使车身侧围腰线以下部分为主要承载件,车顶为非承载件,通常在长途大客车上采用。

6. 整体承载式车身的特点是载荷由车身——整体的空间框架承受,汽车没有车架,车身就作为发动机和底盘各总成的安装平台。整体承载车身客车的被动安全性能比较好。

7. 大客车车身结构在骨架上有大量的车身覆盖件。大客车的覆盖件较为简单,主要是用金属薄板压制或手工敲制的方法按车身功能和外形需要进行制作。外覆盖件虽为一个整体,按其位置分为前围蒙皮、顶盖蒙皮、侧围蒙皮和后围蒙皮。

8. 大客车的金属蒙皮与骨架的连接方式有铆接蒙皮、焊接蒙皮和粘结蒙皮 3 种。

一、填空题

1. 大客车是指载客_____人以上的乘用车。车身是大客车的三大总成之一,客车、轿车和多数专用车身总成质量占整车质量的_____,其制造成本占整车制造成本的 60% 左右。

2. 客车按用途可分为_____客车、_____客车、_____客车和_____客车。

3. 非承载式车身的载荷主要由底部_____承担。车身的构件主要是金属薄板经_____成形,构件之间配以加强板用_____方式连接。

4. 基础承载式车身结构一般采用_____钢管在模具上_____而成,外蒙皮用厚度_____mm 左右的薄钢板采用_____的方法,以保证车身面的平整顺滑,外观挺拔。

5. 基础承载式车身在结构上使车身_____以下部分为主要承载件,车顶为非承载件,通常在长途大客车上采用。

6. 整体承载式车身的特点是载荷由车身——整体的_____承受,汽车没有车架,_____就作为发动机和底盘各总成的安装平台。

7. 轿车和大客车同为乘用车,高端大客车与轿车同样具有整体承载刚性车身,所不同的是轿车车身全部是薄板冲压件组焊而成,而高端大客车的车身是由_____骨架和

_____构成。

8. 大客车车身结构在骨架上有大量的车身覆盖件,大客车的覆盖件较为简单,主要是用金属薄板_____或_____的方法按车身功能和外形需要进行制作。

9. 大客车车身结构外覆盖件虽为一个整体,按其位置分为_____蒙皮、_____蒙皮、_____蒙皮和_____蒙皮。

10. 大客车的金属蒙皮与骨架的连接方式有_____蒙皮、_____蒙皮和_____蒙皮3种。

二、判断题

1. 现代大客车多采用专用底盘,采用整体式承重框架并采用预应力蒙皮。（　）
2. 现在的客车采用了发动机后置、横置、后轮驱动方式。（　）
3. 现在的客车其车厢布局整体性强,乘坐环境大大改善,有助于安置较大的行李舱和其他辅助设备。（　）
4. 现在的客车承载式车身按车身上下受力程度不同,又分为基础承载式和整体承载式两种。（　）
5. 整体承载式车身窗立柱较细,侧窗开口大,视野开阔,通透感强。（　）
6. 整体承载式车身结构,为了降低大客车的高度,省去了基础承载式车身底架结构,而将车身与底部建成一个整体的空间框架,车身就作为发动机和底盘各总成的安装平台。（　）
7. 和半承载车身不同,整体承载车身的底架不是冲压成型后铆接车架式结构,而是由矩形管构成的格栅式结构。在这种情况下,车上各种载荷全部由汽车车身承受,这种设计使整个车身都可承受载荷。因此,整体承载车身客车的被动安全性能比较好。（　）
8. 高端大客车的首要特征是没有中间的软层—柔性车架,刚性底架与刚性车身构成一个刚性整体,承载车辆的全部负荷,是两层式。（　）
9. 轿车载荷小,一般都用螺旋弹簧做弹性元件,而大客车负重大,必须采用承载能力强的空气囊做弹性元件。（　）
10. 蒙皮与骨架焊接,一般采用二氧化碳气体保护焊、单面点焊、电阻点焊等。电阻点焊具有质量好、焊接效率高、操作简便、成本较低、便于实现自动化等优点。（　）

三、简答题

1. 大客车车身结构特点有哪些?
2. 大客车分类方法有哪些?
3. 非承载式大客车车身结构特点有哪些?
4. 基础承载式大客车车身结构特点有哪些?
5. 整体承载式大客车车身结构特点有哪些?
6. 大客车的金属蒙皮与骨架的连接方式有哪些?

项目三 整体式车身结构

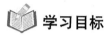**学习目标**

完成本项目学习后,你应能:

1. 了解整体式车身的特点;
2. 熟悉车架式主车身结构。

建议课时:12 课时

20 世纪 70 年代中期前以有梁式车身为主,短暂使用过半车架式车身(只有部分骨架,如单独的立柱、拱形梁、加固件等),20 世纪 80 年代以后以整体式车身为主。近几年生产的小型、中型甚至大型的新型轿车,大部分都采用整体式车身结构。

课题一 整体式车身结构特点

课题任务

1. 请完成下图车身结构的认识与填写。

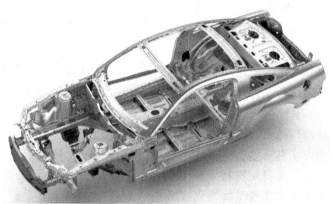

此图所描述的车身结构是_____式车身。

2. 请完成下列题目的填空。

(1) 整体式车身由于_____与_____合成一体,没有单独的车架,所以整体式车身也叫无架式车身。

(2)_____式车身利用了原先车架所占用的空间,大幅度提高车身的有效容积,使汽车更加小型化。

(3)整体式车身不同于将钢板置放在钢构车架上的传统车架,它没有单独的车架,而是一个由薄钢板通过_____加工成不同的形状并点焊连接成一个整体,从而形成类似于蛋壳的"_____结构"。

(4)整体式车身主要部件是_____在一起的,车身易于形成紧密的结构,有助于在碰撞时保护车内驾乘人员。

(5)整体式车身刚性较大,有助于向整个车身_____和_____冲击能量。

(6)整体式车身在碰撞时远离碰撞点的部位会有损坏,而且这些损坏在以后会引起操纵系统或动力系统的故障,修复前要做彻底的_____。

(7)整体式车身前部结构比车架式车身_____得多。车身一旦损坏变形,则需要采用特殊的程序(不会导致进一步损坏)来恢复原来的形状。

课题内容

一、整体式车身

整体式车身(也叫无架式车架)由于整个车身与车架合成一体,没有单独的车架,所以整体式车身也叫无架式车身(图3-1)。整个车身由以压力加工而成的薄钢板散件构成,并以点焊连接成一整体(图3-2)。整体式车身不同于将钢板置放在钢结构车架上的传统车架式结构,它没有单独的车架,而是一个由薄钢板通过压延加工成不同形状并点焊连接成的一个整体,从而形成类似于蛋壳的"应力薄壳结构"。这种结构的车体能够以相对较小的质量承受较高的应力,并且能够充分利用了原先车架所占用的空间,大幅度提高车身的有效容积,使汽车更加小型化。

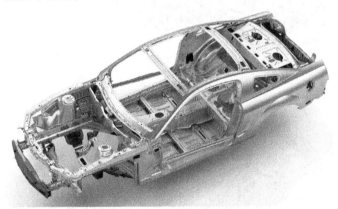

图3-1 整体式车身结构

二、整体式车身的特点

(1)主要部件是焊接在一起的,车身易于形成紧密的结构,有助于在碰撞时保护车内驾乘人员。

(2)没有独立车架,在公路上行驶时非常平稳,整个车身为一体,固有频率振动幅度低,噪声小,比较安全。

图 3-2 整体式车身结构件点焊连接

(3) 车身内部空间更大,汽车可以小型化。

(4) 结构紧凑,质量小。

(5) 整体式车身刚性较大,有助于向整个车身传递和分散冲击能量(图 3-3、图 3-4)。

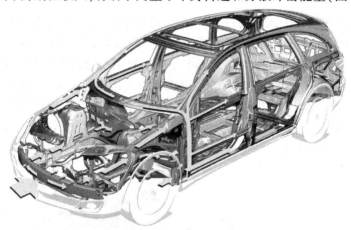

图 3-3 整体式车身前部受冲击时能量传递

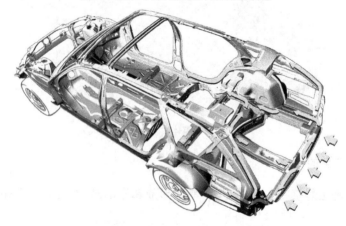

图 3-4 整体式车身后部受冲击时能量传递

(6) 整体式车身的损坏要比车架式车身的损坏更为复杂。整体式车身在碰撞时,远离碰撞点的部位也会有损坏,而且这些损坏在以后会引起操纵系统或动力系统的故障,修复前要做彻底的损坏分析。

(7)底盘强度远不如大梁结构的车身,整体式车身前部不仅装有前悬架构件和操纵联动装置(图3-5),而且装有发动机、传动装置等(图3-6),整体式车身前部结构比车架式车身复杂得多(图3-7)。车身一旦损坏变形,则需要采用特殊的程序(不会导致进一步损坏)来恢复原来的形状。

图3-5 整体式车身前部结构

图3-6 整体式车身前部结构——发动机、传动装置

图3-7 整体式车身前车身

三、整体式车身类型

现在的整体式车身结构有3种基本类型:
(1)前置发动机后轮驱动(简称前置后驱,可用FR表示);
(2)前置发动机前轮驱动(简称前置前驱,可用FF表示);
(3)中置发动机后轮驱动(简称中置后驱,可用MR表示)。
本书重点介绍应用较多的前置后驱和前置前驱两种车身结构。

延伸阅读

整体式车身相对于车架式车身的变化,主要体现在以下几个方面。

(1) 车身金属材料的变化。车架式车身主要由低碳钢或中碳钢制成,而整体式车身则大量地使用合金钢制造。目前,美国生产的大多数无架式车身使用了24种规格的高强度合金钢。对于汽车修理行业而言,传统的使用氧气乙炔进行焊接和切割的修复方法对于整体式车身将造成永久的破坏。现在,汽车制造厂家越来越多地要求用惰性气体保护焊来进行车身的修复。

(2) 塑料等复合材料的大量应用。在传统的车架式车身上,塑料等复合材料已得到了广泛的采用。在整体式车身上,它们更是进一步地得到了重视,它们从来没有像现在这样与车身成为密不可分的整体,甚至于整个车身都可以用复合材料制成。由于塑料等复合材料有着许多与金属材料不同的性质,所以要求现在的车身修理技工必须掌握这些材料的性能和粘接、变形、更换等修复工艺。

(3) 车身防腐方式的改变。金属的腐蚀被称为汽车车身的第一大杀手。与车架式车身的涂漆等防腐措施相比,现代的整体式车身则大量地采用防腐系统对车身进行全方位的防腐处理。任何对车身的破坏和修复都会对防腐系统造成破坏。如何恢复车身的防腐系统,是现代汽车车身修理需要解决的重点问题之一。

(4) 车身结构的变化。这是整体式车身较之车架式车身所产生的最重大变化,也是两者最本质的区别所在。

(5) 整车结构的变化。无架式车身的结构更加紧凑与合理,在有限的空间内能创造出更大的有效容积,设计师有了更大的想象空间来布置汽车的部件。于是有了横置发动机、前轮驱动、撑杆式悬架以及齿条齿轮操纵系等新的整车结构方式。

(6) 车身的强度更加合理。

(7) 汽车自重的变化。整车和车身结构的改革以及高强度合金结构钢的采用,使汽车制造厂可以用更少的材料制造出比有车架式汽车强度更合理的汽车车身(图3-8),因而它使整个汽车的自重有了大幅度的降低。对于美国汽车而言,20世纪90年代生产的无架式车身比80年代生产的有架式车身平均质量降低了400kg,并因此而改善了汽车的动力性、经济性和制动性等指标。

图3-8　Jaguar XJR 2004 全铝车架

(8) 车身精度的大幅度提高。在整体式车身中,许多机械系统,如悬架系统和操纵系统的对准位置和平稳操纵,都依靠车身部件的精确定位。车身的密封性和乘坐的舒适性也要求车身精度大幅度提高。而车身结构和整车结构的变化为这种精度提高提供了可能。反过来,车身精度的提高又对车身的修复工作提出了新的要求。它要求对毁损的车身进行精确的测量和精心的修复。仅凭经验和简单的测量工具进行车身修理的传统做法已经难以恢复车身的精度,现在必须使用更加先进的测量手段和标准的车身数据进行修复。

课题二　前置后驱车身结构

课题任务

1. 请完成下列题目的填空。

(1) 前置后驱车身_____、_____和_____均匀分布在前、后轴之间,减小了操纵系统的操纵力。

(2) 前置后驱车身发动机_____向放置在前车身的_____或_____上。

(3) 前置后驱车身传动轴安装在_____内,减小了乘员室的内部空间。

(4) 前置后驱车身由于发动机、传动系及后轮由_____到_____布置,因而汽车的振动和噪声源也分布到车身的前面和后面。

(5) 前置后驱车身发动机、悬架和转向装置都安装在_____和_____上,它的制造和修理精度直接影响前轮的定位和传到乘员室的振动与噪声,因此它在制造和修理中确保精度并具有极高的强度。

(6) 波纹加工区多用于_____、_____和_____。

2. 请完成下图车身结构的认识与填写。

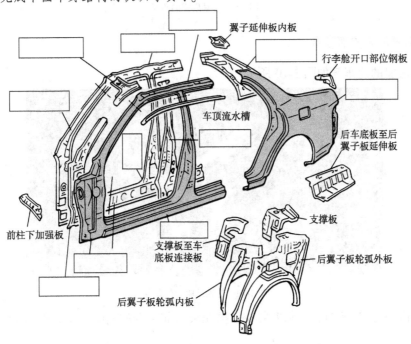

一、前置后驱车身的特点

前置后驱车身如图 3-9 所示,其特点为:
(1)发动机、传动装置和差速器均匀分布在前、后轴之间,减轻了操纵系统的操纵力;
(2)发动机纵向放置在前车身的副车架或支撑横梁上;
(3)发动机可单独地拆卸和安装,便于车身修理操作;
(4)传动轴安装在地板下的通道内,减少了乘员室的内部空间;
(5)由于发动机、传动系及后轮由前到后布置,因而汽车的振动和噪声源也分布到车身的前面和后面。

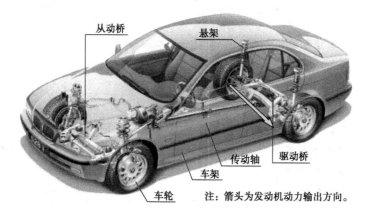

图 3-9 前置后驱的车身

二、前置后驱的前车身

前置后驱的前车身如图 3-10 所示。

图 3-10 前置后驱的前车身

发动机、悬架和转向装置都安装在前挡泥板和前车身的前纵梁上,它的制造和修理精度直接影响前轮的定位和传到乘员室的振动与噪声,因此它在制造和修理中要求确保精度并具有极高的强度。

波纹加工区:发生撞击时,将撞击力集中于该区域,将能量吸收。多用于前侧梁前端、后侧梁后端和前翼子板隔板(图3-11)。为了快速修复,有的波纹加工区做成分体式(图3-12),一旦此部位受损,可以快速更换。

◇小提示:波纹加工区发生撞击受损时,只能更换不能修复。修复后的波纹区无法保证吸收冲击能量的效果。

图3-11　波纹加工区

图3-12　分体式制作波纹加工区

三、前置后驱的侧车身

前置后驱的侧车身如图3-13所示。前柱、中柱、车门槛板、车顶纵梁等部位都采用3层板设计,应用了大量的高强度钢,采用非常坚固的箱形结构。

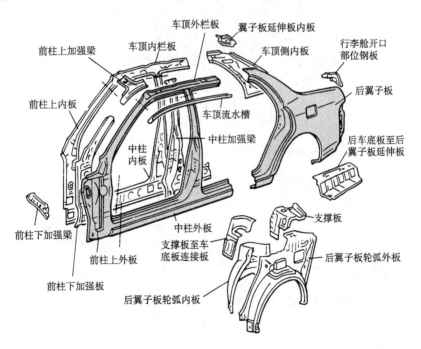

图3-13　前置后驱的侧车身

课题任务

1. 请完成下图车身结构的认识与填写。

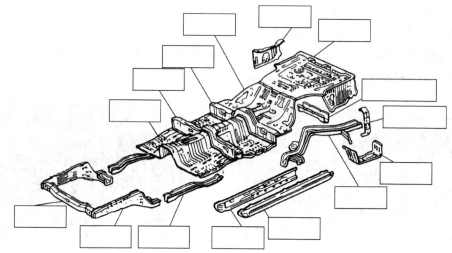

2. 请完成下图后车身结构的认识与填写。

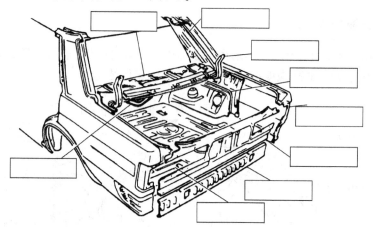

3. 请完成下图车门结构的认识与填写。

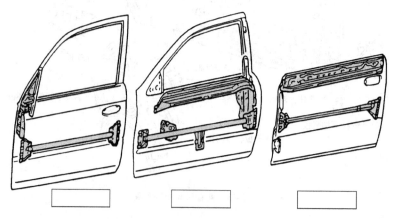

四、前置后驱的底部车身

前置后驱的底部车身如图3-14所示。

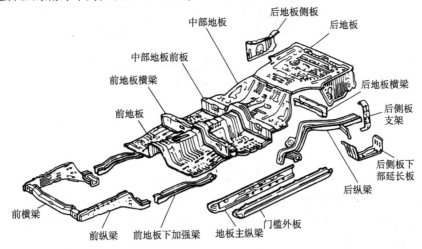

图3-14 前置后驱的底部车身

底部车身主要由前后纵梁、地板纵梁、地板及横梁构成。前置后驱的底部车身前段（图3-15）由前纵梁、前横梁构成，用高强度钢制成箱形截面，前纵梁均为上弯式（图3-16），有加工的预应力区。

底部车身中段如图3-17所示。

底部车身后段由后纵梁、后地板横梁、后地板及行李舱地板等构成，纵梁从后排座下边延伸到接近后桥，并上弯延伸到后地板，地板纵梁后段和后地板纵梁是分开的（图3-18）。

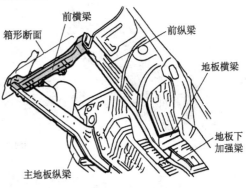

图3-15 前置后驱的底部前车身

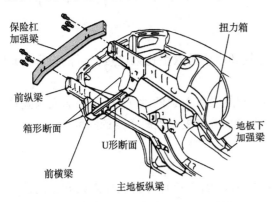

图3-16 前置后驱的底部前车身的安全加强

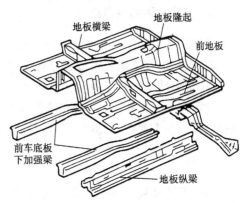

图3-17 前置后驱的底部中车身

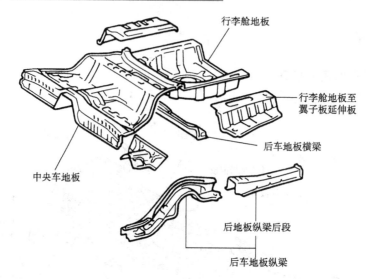

图 3-18 前置后驱底部车身后段

底部车身后段：燃油箱固定于地板下面时(悬浮式)(图 3-19)，后地板纵梁后半部具有强韧而不易弯曲的特性，不过在弯角区域(向上弯曲)设计成容易发生折损变形，当发生后面碰撞时可保护燃油箱。

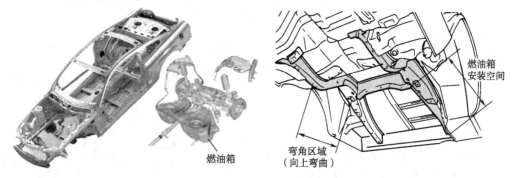

图 3-19 前置后驱底部车身后段燃油箱保护

五、前置后驱的后车身

前置后驱的后车身如图 3-20 所示。

轿车形式：行李舱和乘员室分离，后围上盖板和后座的软垫托架连接在后侧板和后地板上，围板可防止车身扭曲。

旅行车形式(图 3-21)：行李舱与乘员室不分开；没有单独的后车身，采用加大顶盖内侧后板及后窗上部框架，将顶盖内侧板延伸至后侧板等措施来提高车身的刚度。

六、车门

车门包括外板、内板、加强梁、侧防撞钢梁和门框(图 3-22)。内板、加强梁和侧防撞钢梁以点焊结合在一起；内板和外板通常是以褶边连接。

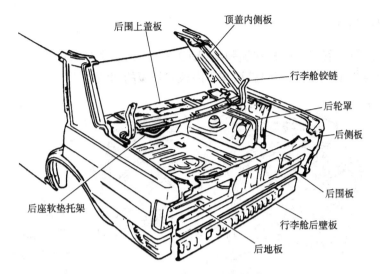

图 3-20　轿车前置后驱的后车身

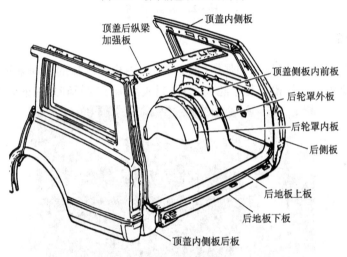

图 3-21　旅行车前置后驱的后车身

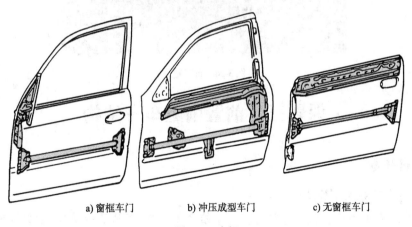

a) 窗框车门　　b) 冲压成型车门　　c) 无窗框车门

图 3-22　车门

七、发动机舱盖

发动机舱盖包括外板、内板和加强梁(图3-23)。内板和外板的四周以褶边连接取代焊接;加强梁点焊于内板上,密封胶涂抹于内板和外板的间隙中。

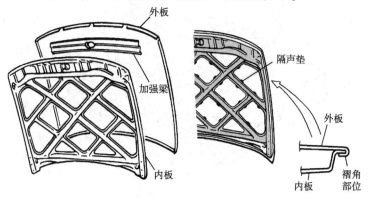

图3-23　发动机舱盖

八、行李舱盖

行李舱盖包括外板、内板和加强梁(图3-24)。内板和外板的四周采用褶边连接方式;加强梁和支座是由点焊焊接于行李舱盖上;密封胶涂抹于内板和外板的间隙中。

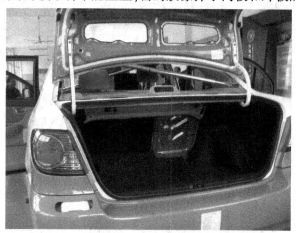

图3-24　行李舱盖

课题三　前置前驱车身结构

课题任务

1. 请完成下列题目的填空。
   (1) 前置前驱车身_____和_____结合为一体,取消了传动轴,自重显著减少。
   (2) 前置前驱车身_____和_____载荷增加。

(3)前置前驱车身由于发动机装在前面,这里有较大的_____,所以发动机的安装组件要相应增强。

2.请完成下图车身结构名称的认识与填写。

上图所描述的车身结构是_____式车身。

一、前置前驱车身的特点

前置前驱车身(图3-25)的特点:
(1)变速器和差速器结合为一体,取消了传动轴,自重显著减少;
(2)由于噪声和振动都限制车身的前部,因而汽车的总体噪声和振动减小;
(3)前悬架和前轮载荷增加;

图3-25 前置前驱车身结构

(4)汽车的内部空间增大；

(5)由于油箱可设计在车中心底部,后备舱面积可增大,其内部也更平整；

(6)由于发动机装在前面,这里有较大的惯性力,所以发动机的安装组件要相应增强。

前置前驱动发动机安装形式：

(1)纵向安置形式：发动机由连接左右前侧梁的前悬架支撑,如图3-26所示。这种配置的发动机安装与后轮驱动的发动机安装方式相同。

a)实物图

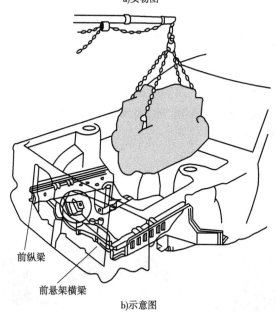

b)示意图

图3-26 发动机纵置

(2)横向安置形式：发动机支撑在4个点上,即发动机的前后安装中心构件及左右前侧梁,如图3-27所示。

项目三 整体式车身结构

a)实物图

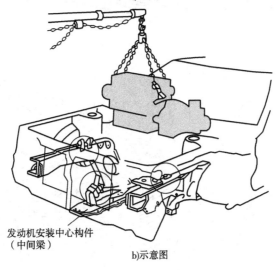

发动机安装中心构件
（中间梁）

b)示意图

图 3-27 发动机横置

课题任务

1. 请完成下图车身结构的认识与填写。

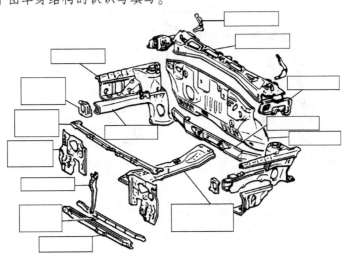

2. 请完成下图车身结构的认识与填写。

(1)

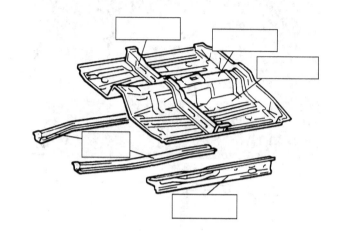

(2)

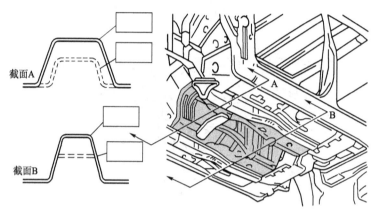

3. 请完成下图车身结构的认识与填写。

(1)

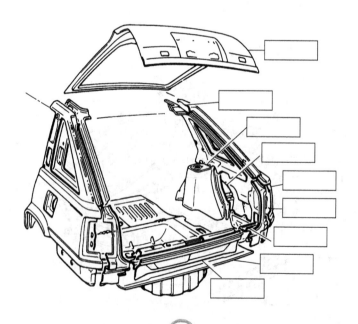

(2)

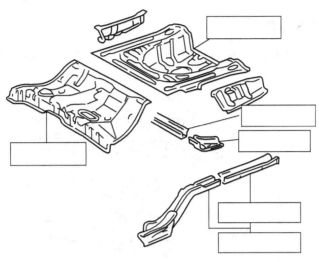

二、前置前驱的前车身

前车身由发动机罩、前翼子板、散热器上下支架、散热器侧支架、前横梁、前纵梁、前挡泥板和用薄钢板冲压的前围板等构成。前置前驱和前置后驱汽车的前悬架几乎是相同的,前车身的精度对前轮定位有直接影响。前挡泥板与盖板、前纵梁焊接在一起;前置前驱汽车前部承受较大的载荷;前纵梁比前置后驱汽车的相应构件强度要大。

前置前驱横置发动机的前车身如图 3-28 所示。转向操纵机构的齿轮齿条装在前围板的下部,转向传动杆系通过前横梁后部的大开口和悬架臂一起装在直对开口下面的

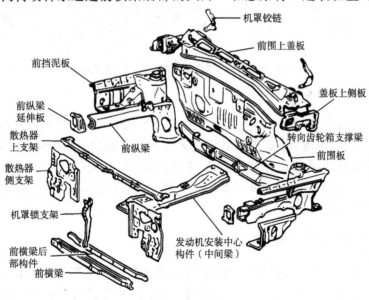

图 3-28 前置前驱前车身

结构上;下围板和前纵梁与后轮驱动汽车或纵向安置发动机的前轮驱动汽车完全不同。

三、前置前驱的中车身

前置前驱的中车身由地板、地板纵梁、加强梁、地板横梁组成,地板纵梁用高强度钢板制成,如图3-29所示。

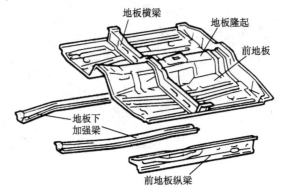

图3-29　前置前驱中车身

FF和FR车辆的中央下车身最大差别在于车底板拱起的高度,如图3-30所示。

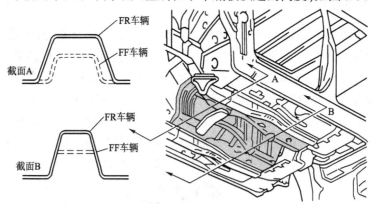

图3-30　前置后驱和前置前驱的底部中车身地板隆起区

四、前置前驱的后车身

前置前驱的后车身(图3-31)上部由后门板、下后板、后侧板、后轮罩外板、后轮罩内板等组成;下部由后地板横梁和后地板纵梁组成;后地板纵梁的后段和后地板纵梁是分开的(图3-32);后地板纵梁比后轮驱动汽车的低;后车底板纵梁的后段都经过波纹加工(图3-33),以提高吸收撞击的效果。后轮采用独立的滑柱式悬架;发生后尾碰撞时,对后轮定位的影响比后轮驱动汽车要大得多。

五、前置前驱车身的其他部件

前置前驱汽车车身的发动机罩、车门、行李舱盖等部件与前置后驱车身的相同;四轮驱动汽车的前车身与前置前驱车身的前车身类似,中、后车身与后轮驱动汽车的中、后车身类似。

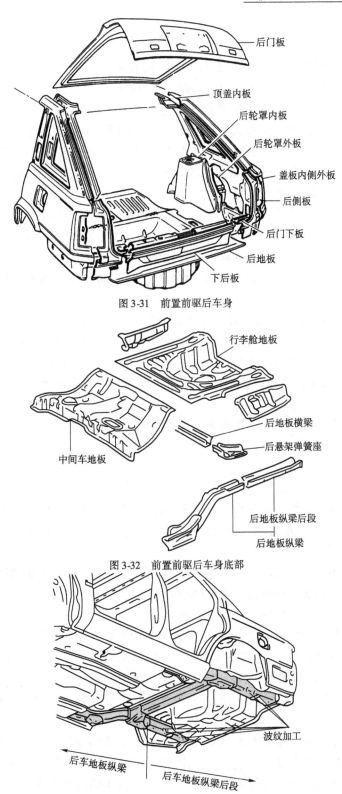

图 3-31 前置前驱后车身

图 3-32 前置前驱后车身底部

图 3-33 前置前驱后车身底部波纹加工

项 目 小 结

1. 整体式车身的整个车身与车架合成一体,没有单独的车架,所以整体式车身也叫无架式车身;整个车身由以压力加工而成的薄钢板散件构成,并以点焊连接成一整体。

2. 整体式车身的碰撞时远离碰撞点的部位会有损坏,而且这些损坏在以后会引起操纵系统或动力系统的故障。整体式车身前部结构比车架式车身复杂得多。

3. 现在的整体式车身结构有三种基本类型:前置发动机后轮驱动(简称前置后驱,可用 FR 表示);前置发动机前轮驱动(简称前置前驱,可用 FF 表示);中置发动机后轮驱动(简称中置后驱,可用 MR 表示)。

4. 前置后驱车身的特点:发动机、传动装置和差速器均匀分布在前、后轮之间,减轻了操纵系统的操纵力;发动机纵向放置在前车身的副车架或支撑横梁上;发动机可单独地拆卸和安装,便于车身修理操作;传动轴安装在地板下的通道内,减少了乘员室的内部空间;由于发动机传动系及后轮由前到后布置,因而汽车的振动和噪声源也分布到车身的前面和后面。

5. 前置前驱车身的特点:变速器和差速器结合为一体,取消了传动轴,自重显著减少;由于噪声和振动都限制车身的前部,因而汽车的总体噪声和振动减小;前悬架和前轮载荷增加;汽车的内部空间增大;由于油箱可设计在车中心底部,后备舱面积可增大,其内部也更平整;由于发动机装在前面,这里有较大向前的惯性力,所以发动机的安装组件要相应增强。

6. 前置前驱动发动机安装形式有纵向安置和横向安置两种。

练习题

一、填空题

1. 整体式车身由于整个车身与车架合成一体,没有单独的车架,所以整体式车身也叫无架式车身;整个车身以压力加工而成的不同形状的_____构成,并以_____连接成一整体。

2. 现在的整体式车身结构有三种基本类型:前置发动机后轮驱动(简称_____,可用_____表示);前置发动机前轮驱动(简称_____,可用_____表示);中置发动机后轮驱动(简称_____,可用_____表示)。

3. 前置后驱车身的发动机、传动装置和差速器均匀分布在_____之间,减轻了操纵系统的操纵力;发动机_____向放置在前车身的副车架或支撑横梁上;发动机可单独地拆卸和安装,便于车身修理操作;传动轴安装在地板下的通道内,_____了乘员室的内部空间;由于发动机传动系及后轮由前到后布置,因而汽车的振动和噪声源也分布到车身的前面和后面。

4. 前置前驱车身的变速器和差速器结合为一体,取消了传动轴,自重显著_____;由于噪声和振动都限制车身的_____部,因而汽车的总体噪声和振动减小。

5. 前置前驱车身的前悬架和前轮载荷_____;汽车的内部空间_____;由于油箱可设计在车中心底部,行李舱面积可_____,其内部也更平整;由于发动机装在前面,这里有较大向前的惯性力,所以发动机的安装组件要相应_____。

6. 波纹加工区:发生撞击时,将撞击力集中于该区域,将能量吸收。多用于_____前端、_____后端、前翼子板_____。为了快速修复,有的波纹加工区做成_____式,一旦此部位受损,可以快速更换。

7. 前置后驱车身的前柱、中柱、车门槛板、车顶纵梁等部位都采用_____层板设计;应用了大量的_____钢;采用非常坚固的_____形结构。

8. 前置后驱车身的底部车身主要由_____纵梁、_____纵梁、地板及_____构成。

9. 前置后驱的底部车身前段由_____、_____构成,用高强度钢制成_____形截面,前纵梁均为_____式,有加工的预应力区。

10. 燃油箱固定于地板下面时(悬浮式),_____纵梁后半部具有强韧而不易弯曲的特性,不过在弯角区域(向上弯曲)设计成容易发生折损变形,当发生后面碰撞时可保护燃油箱。

二、判断题

1. 整体式车身主要部件是铆接在一起的,车身易于形成紧密的结构,有助于在碰撞时保护车内驾乘人员。（   ）
2. 整体式车身有独立车架,在公路上行驶时非常平稳,整个车身为一体,固有频率振动低,噪声小,整体式车身比较安全。（   ）
3. 整体式车身结构紧凑,质量小,内部的空间更大,汽车可以小型化。（   ）
4. 整体式车身刚性较大,有助于向整个车身传递和分散冲击能量。（   ）
5. 波纹加工区发生撞击受损时,要进行更换或修复。（   ）
6. 车门的内板、加强梁和侧防撞钢梁以点焊结合在一起;内板和外板通常是以褶边连接。（   ）
7. 前置前驱汽车前部承受较大的载荷,因此其前纵梁比前置后驱汽车的相应构件强度要小。（   ）
8. 前置前驱和前置后驱汽车的前悬架几乎是相同的,前车身的精度对前轮定位有直接影响。（   ）
9. FF车辆中央下车身的车底板拱起的高度比FR车辆的高。（   ）
10. 发生后尾碰撞时,前置前驱对后轮定位的影响比后轮驱动汽车要大得多。（   ）

三、简答题

1. 什么是整体式车身,有何特点?
2. 整体式车身相对于车架式车身的变化,主要体现在哪几个方面?
3. 简述前置后驱车身的特点。
4. 简述前置前驱车身的特点。
5. 前置后驱车身和前置前驱车身的中车身有何区别?
6. 整体式车身是如何保护油箱安全的?

项目四 金属的热处理

完成本项目学习后,你应能:
1. 知道金属材料的加工性能;
2. 叙述热处理的基本类型及作用;
3. 对制作好的简单钢构件进行简单的热处理。

 建议课时:14 课时

金属材料不同,其性能不同;同样,汽车部位不同,对材料的要求也不一样。比如在一些有相对运动的部位,需要材料的硬度高一些,表面要光滑。硬度高可以通过使用性能好的材料来实现,但是会提高成本,同时会使得加工更加困难。这个问题有时候则通过热处理来解决。所谓的热处理,是指采用适当的方式对金属材料或工件(以下简称工件)进行加热、保温和冷却,以获得预期的组织结构与性能的工艺。热处理的工艺过程包括加热、保温和冷却三个阶段,可用热处理工艺曲线来表示。钢的热处理工艺通常分为退火、正火、淬火、回火及化学热处理等。通过不同的热处理工艺,使钢材得到不同的组织,从而充分发挥钢材性能的潜力。常用的加热保温设备品种繁多,原理和方法各有特点。为了顺利进行简单的热处理,需要学习有关材料的知识,并要求在操作前详细阅读热处理设备说明书,掌握其工艺要求和安全操作事项。下面我们将通过学习金属材料的性能、热处理的工艺知识,并通过一阶段的实践操作来逐渐掌握热处理工艺。

课题一 金属材料的性能

课题任务

1. 请完成下列题目的填空。
(1)热轧钢板是在_____℃以上高温下轧制的,它的厚度在_____~_____mm 之间。
(2)热轧钢板主要用途:_____;车辆车身内部钢板;_____零件;_____;建材(H 槽或 L 槽)。
(3)冷轧钢板由热轧钢板经过酸洗后冷轧变薄,并经过退火处理。它的厚度精度_____,表面质量_____,表面非常平滑,厚度为_____~_____mm,并且有良好的可压缩性。大多数整体式车身都采用冷轧钢板制成。
(4)低碳钢板含碳量_____,比较软,所以便于加工,可以很安全地进行_____、

_____和_____,它的强度不会受到严重影响。

(5)高强度钢泛指强度高于低碳钢的各种类型的钢材,一般强度为_____MPa以上。

(6)高强度、低合金钢又称_____钢,通过在低碳钢中加入磷来提高钢的强度,用来制造前后梁、车门槛板、保险杠面板、保险杠加强筋和车门立柱等,一般加热温度不可超过_____~_____℃,加热时间不可超过_____min。

(7)高抗拉强度钢:常规的加热和焊接方法不会明显降低这种钢的强度,它的屈服强度可达350MPa、抗拉强度可超过_____MPa;一般的焊接方法(包括氧乙炔焊)都可用于修理这类构件,温度限制在_____℃以内,_____焊使用 AWS-E-70S-6 的焊丝。

(8)防锈钢板三种镀层中,镀锌和镀铝比铁容易腐蚀,而镀锡防腐蚀能力则比铁好。镀_____钢板用在车身钢板,而镀_____钢板用在排气管护板,镀_____钢板则用于做燃油箱。

(9)对低碳钢进行加热时,随着钢板温度的增高,其强度和刚度也随着_____;停止加热后温度下降到常温,它的强度又恢复到原来的程度。

(10)用常规的_____和_____进行焊接,或对低碳钢钢板采用短时间加热的方式进行修理,都是允许的。

(11)高强度钢经过过度加热再冷却后,强度会_____。高强度钢不允许用_____的方式进行修理。

2.请将下列车身所用的材料列在方框内,并找出相关部件。

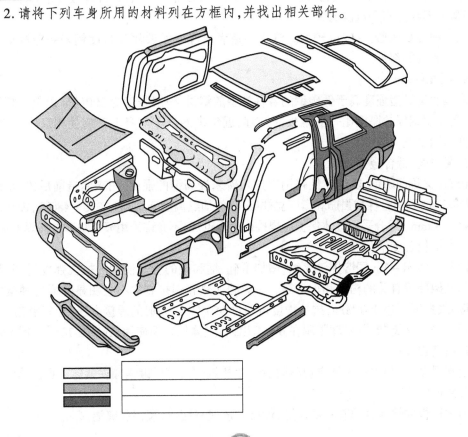

3. 请根据下表钢铁的颜色,填写出相应的温度值。

钢的颜色	暗红	红色	淡红	橘红	黄色	淡黄	白色	亮白
温度(℃)								

课题内容

一、车身结构钢板

1. 热轧钢板

在800℃以上高温下轧制,它的厚度在1.6~8mm之间。钢板表面会覆上一层氧化膜,必要时可使用酸洗或喷丸处理来去除氧化膜。

热轧钢板主要用途:车架、车辆车身内部钢板、底盘零件、底盘大梁、建材(H槽或L槽)。

2. 冷轧钢板

由热轧钢板经过酸洗后冷轧变薄,并经过退火处理。由于冷轧钢板是在较低的温度下轧制的,它的厚度精度高,表面质量好,表面非常平滑,厚度为0.4~1.4mm,并且有良好的可压缩性,大多数整体式车身都采用冷轧钢板制成。其主要用途:大多数的汽车车身组件。

3. 低碳钢板

低碳钢板含碳量低,比较软,所以便于加工,可以很安全地进行焊接、热收缩和冷加工,而强度不会受到严重影响。

低碳钢容易变形,密度也较大。汽车制造者已经开始改用高强度钢来制造汽车上需要承受载荷的零部件。

4. 高强度钢板

高强度钢泛指强度高于低碳钢的各种类型的钢材,一般强度为200MPa以上。相同的强度,高强度钢板的厚度比一般钢板薄,因此近年来的汽车车身上普遍使用高强度钢板,以降低车辆质量。

5. 高强度、低合金钢(HSLA)

HSLA又称回磷钢,通过在低碳钢中加入磷来提高钢的强度,用来制造前后梁、车门槛板、保险杠面板、保险杠加强筋和车门立柱等,一般加热温度不可超过370~480℃,加热时间不可超过3 min。适合采用气体保护焊焊接或电阻点焊,不允许采用氧乙炔和电弧焊来焊接。

6. 高抗拉强度钢(HSS)

HSS又称Si-Mn固溶体淬火钢,增加了硅、锰和碳的含量使钢的抗拉强度得到提高,制造与悬架装置有关的构件和车身等。常规的加热和焊接方法不会明显降低这种钢的强度,其屈服强度可达350 MPa,抗拉强度可超过450 MPa;一般的焊接方法(包括氧乙炔焊)都可用于修理这类构件;温度限制在600℃以内;气体保护焊使用AWS-E-70S-6的焊丝。

7. 超高强度钢

超高强度钢(UHSS)主要有:高塑性钢、双相钢、多相钢、硼钢和铁素体—贝氏体钢等。

8. 防锈钢板

防锈钢板的钢板表面有一层镀层,镀层的形式有镀锌、镀铝和镀锡。

三种镀层中,镀锌和镀铝比铁容易腐蚀,而镀锡防腐蚀能力则比铁好。镀锌钢板用在车身钢板,而镀铝钢板用在排气管护板,镀锡钢板则用于做燃油箱。

9. 不锈钢板

不锈钢板是一种碳钢、铬、镍合金,碳钢的含铬量大约为12%。

二、整体式车身对构件的要求

整体式车身要求所用的材料材质轻同时还要能够承受悬架的部分载荷,而且容易加工成设计的抗弯截面,以减少传递到乘员室内的损害(图4-1)。

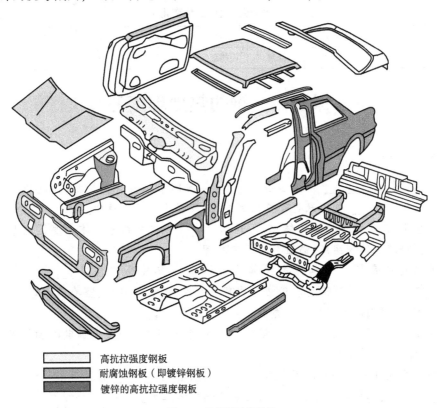

高抗拉强度钢板
耐腐蚀钢板(即镀锌钢板)
镀锌的高抗拉强度钢板

图4-1 车身所用的材料

三、加热对钢性能的影响

1. 加热对低碳钢性能的影响

对低碳钢进行加热时,强度和刚度会随着钢板温度的增高而下降;停止加热后温度下降到常温,它的强度又恢复到原来的程度;加热操作后不会降低钢板原有的强度。用常规的氧乙炔焊和电弧焊进行焊接,或对低碳钢钢板进行短时间的加热方式的修理,都是允许的。

2. 加热对高强度钢性能的影响

对高强度钢进行加热时,高强度钢内部的金属晶粒会发生改变。高强度钢经过过度加热再冷却后,强度会下降。高强度钢不允许用加热的方式进行修理。

3.加热对车辆的影响

损坏镀锌层,会引起钢板锈蚀,降低钢板的防锈能力;改变钢铁强度;形成氧化膜后钢板厚度降低;甚至会使车辆燃烧起来。

四、钢铁颜色和温度

钢材被加热时,其颜色会随着温度上升而发生变化,如表4-1所示。当钢加热到600 ℃时,我们才可以用肉眼观察到颜色变化,而这时已经超过绝大多数高强度钢板的耐热温度。高强度钢的允许加热的温度都很低,一般不超过200 ℃。

钢材受热时的颜色变化　　　　　　　　　表4-1

温度(℃)	600	700	800	900	1000	1100	1200	1300
颜色	暗红	红色	淡红	橘红	黄色	淡黄	白色	亮白

课题二　钢的热处理工艺

课题任务

1. 当钢铁经过_____产生塑性变形后,其内部结构将变得散乱,而造成强度不均。此时可以通过_____处理来整顿其内部结构,改善_____特性。

2. 等温正火:工件加热奥氏体化后,采用_____快冷到珠光体转变区的某一温度,并保温以获得珠光体型组织,然后在空气中冷却。

3. 淬火处理是指工件加热奥氏体化后以适当方式冷却获得_____体或(和)_____体组织的热处理工艺。最常见的有水冷淬火、油冷淬火、空冷淬火等。淬火虽然_____硬度,但同时也_____脆性。

4. 表面淬火:仅对工件_____进行的淬火,包括感应淬火、接触电阻加热淬火、火焰淬火、激光淬火、电子束淬火等。

5. 回火处理可使材料的内部组织_____,以增加_____。

6. _____:工件淬火并高温回火的复合热处理工艺。

7. 时效处理(时效):工件经_____或_____后在室温或高于室温的适当温度_____,以达到沉淀硬化的目的。在室温下进行的称_____,在高于室温下进行的称_____。

8. 去应力退火:为去除工件_____加工、_____加工或_____造成的内应力及_____内存在的残余应力而进行的退火。

课题内容

一、普通热处理的类型

1.正火处理

正火处理是将材料加热到850℃(奥氏体化)后在空气中冷却的热处理工艺。以空气来冷却的一种热处理过程。当钢铁经过机械加工产生塑性变形后,其内部结构将变得散乱,而造成强度不均,此时可借正火处理来整顿其内部结构,改善机械特性。正火处理适用于低、中碳钢和低合金结构钢的铸、锻件消除应力和淬火前的预备热处理,用于某些低温化学热处理件的预处理及某些结构钢的最终热处理,消除网状碳化物,为球化退火做准备,细化组织,改善力学性能和切削性能。

(1)等温正火:工件加热奥氏体化后,采用强制吹风快冷到珠光体转变区的某一温度,并保温以获得珠光体型组织,然后在空气中冷却。

(2)两次正火、多重正火:工件(主要为铸锻件)进行两次或两次以上的重复正火。

2. 淬火处理

淬火处理是指工件加热奥氏体化后以适当方式冷却获得马氏体或(和)贝氏体组织的热处理工艺。最常见的有水冷淬火、油冷淬火、空冷淬火等。淬火虽然可以增加钢材的硬度,但同时也增加了它的脆性。

(1)局部淬火:仅对工件需要硬化的局部进行的淬火。

(2)表面淬火:仅对工件表层进行的淬火,包括感应淬火、接触电阻加热淬火、火焰淬火、激光淬火、电子束淬火等。

(3)气冷淬火:专指在真空中加热和在高速循环的负压、常压或高压的中性和惰性气体中进行的淬火冷却。

(4)风冷淬火:以强迫流动的空气或压缩空气作为冷却介质的淬火冷却。

(5)盐水淬火:以盐类的水溶液作为冷却介质的淬火冷却。

(6)有机聚合物水溶液淬火:以有机高分子聚合物的水溶液作为冷却介质的淬火冷却。

(7)热浴淬火:工件在熔盐、熔碱、熔融金属或高温油等热浴中进行的淬火冷却,如盐浴淬火、铅浴淬火、碱浴淬火等。

(8)双介质淬火(双液淬火):工件加热奥氏体化后先浸入冷却能力强的介质,在组织即将发生马氏体转变时立即转入冷却能力弱的介质中冷却。

(9)加压淬(模压淬火):工件加热奥氏体化后在特定夹具夹持下进行的淬火冷却,其目的在于减少淬火冷却畸变。

(10)透淬:工件从表面至心部全部硬化的淬火。

(11)贝氏体等温淬火(等温淬火):工件加热奥氏体化后快冷到贝氏体转变温度区间等温保持,使奥氏体转变为贝氏体的淬火。

(12)马氏体分级淬火(分级淬火):工件加热奥氏体化后浸入温度稍高或稍低于 Ms 点的碱浴或盐浴中保持适当时间,在工件整体达到介质温度后取出空冷以获得马氏体的淬火。

(13)直接淬火:工件渗碳后直接淬火冷却的工艺。

(14)自冷淬火:工件局部或表层快速加热奥氏体化后,加热区的热量自行向未加热区传导,从而使奥氏体化区迅速冷却的淬火。

(15)脉冲淬火:用高功率密度的脉冲能束使工件表层加热奥氏体化,热量随即在极短的时间内传入工件内部的自冷淬火。

(16)电子束淬火:以电子束作为能源,以极快的速度加热工件的自冷淬火。

(17)激光淬火:以激光作为能源,以极快的速度加热工件的自冷淬火。

(18)火焰淬火:利用氧乙炔(或其他可燃气)火焰使工件表层加热并快速冷却的淬火。

(19)感应淬火:利用感应电流通过工件所产生的热量,使工件表层、局部或整体加热并快速冷却的淬火。

(20)接触电阻加热淬火:借助电极(高导电材料的滚轮)与工件的接触电阻加热工件表层,并快速冷却(自冷)的淬火。

(21)电解液淬火:工件欲淬硬的部位浸入电解液中接阴极,电解液槽接阳极,通电后由于阴极效应而将浸入部位加热奥氏体化,断电后被电解液冷却的淬火。

(22)光亮淬火:工件在可控气氛、惰性气体或真空中加热,并在适当介质中冷却,或盐浴加热在碱浴中冷却,以获得光亮或光洁金属表面的淬火。

(23)冷处理:工件淬火冷却到室温后,继续在一般制冷设备或低温介质中冷却的工艺。

(24)深冷处理:工件淬火后继续在液氮或液氮蒸气中冷却的工艺。

(25)淬硬性:以钢在理想条件下淬火所能达到的最高硬度来表征的材料特征。

(26)淬透性:以在规定条件下钢试样淬硬深度和硬度分布表征的材料特性。

(27)淬硬层:工件从奥氏体状态急冷硬化的表层,一般以有效淬硬深度来定义。

(28)有效淬硬深度:从淬硬的工件表面量至规定硬度值(一般为550HV)处的垂直距离。

(29)临界直径:钢制圆柱试样在某种介质中淬冷后,中心得到全部马氏体或50%马氏体组织的最大直径,以 d_C 表示。

3. 回火处理

回火处理指工件淬硬后加热到 Ac_1 以下的某一温度,保温一定时间,然后冷却到室温的热处理工艺。回火处理可使材料的内部组织稳定,以增加韧性。

(1)低温回火:工件在250℃以下进行的回火,又称"消除应力回火"。回火温度范围为150~250℃,回火后的组织为回火马氏体。钢具有高硬度和高耐磨性,但内应力和脆性降低,主要应用于高碳钢和高碳合金钢制造的工具模和滚动轴承以及经渗碳和表面淬火的零件,回火后的硬度一般为58~64HRC。

(2)中温回火:工件在250~500℃之间进行的回火,回火后的组织为回火托氏体,主要应用于含碳量为0.5%~0.7%的碳钢和合金钢制造的各类弹簧,其硬度为35~45HRC。

(3)高温回火:工件在500℃以上进行的回火。一般用于淬火的后续处理,回火温度范围为500~650℃,有利于彻底消除内应力,提高金属的塑性和韧性。硬度一般在25~35HRC之间,回火后的组织为回火索氏体,主要应用于含碳量为0.3%~0.5%的碳钢和合金钢制造的各类连接和传动的结构零件。

(4)真空回火:工件在真空炉中先抽到一定真空度,然后充惰性气体的回火。

(5)加压回火:同时施加压力以校正淬火冷却畸变的回火。

(6)自热回火(自回火):利用局部或表层淬硬工件内部的余热使淬硬部分回火。

(7)自发回火:形成马氏体的快速冷却过程中因工件 Ms 点较高而自发地发生回火的现象。低碳钢在淬火冷却时就发生这一现象。

(8)调质:工件淬火并高温回火的复合热处理工艺。

(9)时效处理(时效):工件经固溶处理或淬火后在室温或高于室温的适当温度保温,以达到沉淀硬化的目的。在室温下进行的称自然时效,在高于室温下进行的称人工时效。

4. 退火处理

退火处理指工件加热到适当温度,保持一定时间,然后缓慢冷却的热处理工艺。加热的温度依其需求而有所不同。

(1)晶粒粗化退火:将工件加热至比正常退火较高的温度,保持较长时间,使晶粒粗化以改善材料被切削加工性能的退火。在各种管类或线类制造期间可改善材料的切削性,使其便于被切削。

(2)均匀化退火:以减少工件化学成分和组织的不均匀程度为主要目的,将其加热到高温并长时间保温,然后缓慢冷却的退火。

(3)再结晶退火:经冷塑性变形加工的工件加热到再结晶温度以上,保持适当时间,通过再结晶使冷变形过程中产生的晶体学缺陷基本消失,重新形成均匀的等轴晶粒,以消除形变强化效应和残余应力的退火。

(4)等温退火:工件加热到高于 Ac_3(或 Ac_1)的温度,保持适当时间后,较快地冷却到珠光体转变温度区间的适当温度并等温保持,使奥氏体转变为珠光体类组织后在空气中冷却的退火。

(5)球化退火:为使工件中的碳化物球状化而进行的退火。

(6)预防白点退火:为防止工件在热形变加工后的冷却过程中因氢呈气态析出而形成发裂(白点),在形变加工完结后直接进行的退火。其目的是使氢扩散到工件之外。

(7)脱氢处理:在工件组织不发生变化的条件下,通过低温加热、保温,使工件内的氢向外扩散进入大气中的退火。

(8)光亮退火:工件在热处理过程中基本不氧化,表面保持光亮的退火。

(9)中间退火:为消除工件形变强化效应,改善塑性,便于实施后继工序而进行的工序间退火。

(10)稳定化退火:为使工件中微细的显微组成物沉淀或球化的退火。例如某些奥氏体不锈钢在850℃附近进行稳定化退火,沉淀出 TiC、NbC、TaC,防止耐晶间腐蚀性能降低。

(11)去应力退火:为去除工件塑性变形加工、切削加工或焊接造成的内应力及铸件内存在的残余应力而进行的退火。

(12)完全退火:将工件完全奥氏体化后缓慢冷却,获得接近平衡组织的退火。

(13)不完全退火:将工件部分奥氏体化后缓慢冷却的退火。

(14)晶粒细化处理:以减小工件晶粒尺寸或改善组织均匀性为目的而进行的热处理。

课题任务

1. 请完成下图热处理的认识与填写。

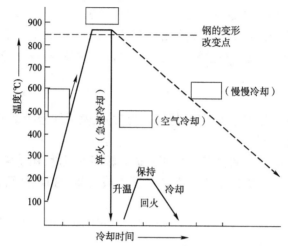

2. 请完成下列题目的填空。

(1) 钢铁的热处理必须以调整_____和_____来控制;热处理的结果依金属的含碳量和合金的种类而有所不同。

(2) 整体热处理是指对工件_____进行_____加热的热处理。局部热处理是仅对工件的_____或_____进行热处理的工艺。

(3) 化学热处理:将工件置于适当的_____中加热、保温,使一种或几种元素渗入它的_____,以改变其化学成分、组织和性能的热处理。

(4) 发蓝处理(发黑):工件在空气—_____或_____的溶液中在室温或加热到适当温度,在工件表面形成一层蓝色或黑色氧化膜,以改善其_____性和外观的表面处理工艺。

(5) 磷化:把工件浸入_____溶液中,在工件表面形成一层不溶于水的磷酸盐薄膜的表面处理工艺。

(6) 喷砂是以400～600kPa的压缩空气将砂粒高速喷射到工件的表面上,以清除工件表面的氧化皮和_____。为减少喷砂粉尘对环境和人体的危害,现多采用液体喷砂。

(7) 碳氮共渗:在奥氏体状态下同时将碳、氮渗入工件表层,并以渗_____为主的化学热处理工艺。

二、热处理的影响因素

钢铁的热处理必须以调整加热温度和冷却速率来控制。热处理的结果依金属的含碳量和合金的种类而有所不同。几种基本热处理工艺与温度关系如图4-2所示。

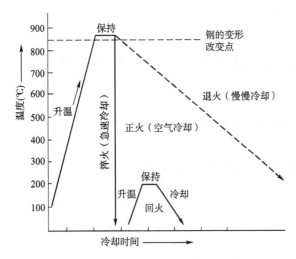

图 4-2 基本热处理工艺与温度的关系

三、其他热处理/表面处理类型简介

1. 整体热处理

整体热处理:对工件整体进行穿透加热的热处理。

2. 局部热处理

局部热处理:仅对工件的某一部位或几个部位进行热处理的工艺。

3. 表面热处理

表面热处理:为改变工件表面的组织和性能,仅对其表面进行热处理的工艺。

4. 预备热处理

预备热处理:为调整原始组织,以保证工件最终热处理或(和)切削加工质量,预先进行热处理的工艺。

5. 化学热处理

化学热处理:将工件置于适当的活性介质中加热、保温,使一种或几种元素渗入它的表层,以改变其化学成分、组织和性能的热处理。

6. 渗碳

渗碳:为提高工件表层的含碳量并在其中形成一定的碳含量梯度,将工件在渗碳介质中加热、保温,使碳原子渗入的化学热处理工艺。

7. 固体渗碳

固体渗碳:将工件放在填充粒状渗碳剂的密封箱中进行的渗碳。

8. 盐浴渗碳

盐浴渗碳(液体渗碳):工件在含有渗碳剂的熔盐中进行的渗碳。

9. 气体渗碳

气体渗碳:工件在含碳气体中进行的渗碳。

10. 离子渗碳

离子渗碳:在低于 1×10^5 Pa 渗碳气氛中,利用工件(阴件)和阳极之间产生的辉光放电进行的渗碳。

11. 渗氮

渗氮(氮化):在一定温度下于一定介质中使氮原子渗入工件表层的化学热处理工艺。

12. 液体渗氮

液体渗氮:在含渗氮剂的熔盐中进行的渗氮。

13. 气体渗氮

气体渗氮:在可提供活性氮原子的气体中进行的渗氮。

14. 离子渗氮

离子渗氮:在低于 $1×10^5$ Pa 的渗氮气氛中,利用工件(阴极)和阳极之间产生的辉光放电进行的渗氮。

15. 渗硼

渗硼:将硼渗入工件表层的化学热处理工艺,包括用粉末或颗粒状的渗硼介质进行的固体渗硼、用熔融渗硼介质进行的液体渗硼、在电解的熔融渗硼介质中进行的电解渗硼、用气体渗硼介质进行的气体渗硼。

16. 离子渗硼

离子渗硼:在低于 $1×10^5$ Pa 的渗硼气体介质中,利用工件(阴极)和阳极之间产生的辉光放电进行的渗硼。

17. 多元共渗

多元共渗:将两种或多种元素同时渗入工件表层的化学热处理工艺。

18. 碳氮共渗

碳氮共渗:在奥氏体状态下同时将碳、氮渗入工件表层,并以渗碳为主的化学热处理工艺。

19. 发蓝处理

发蓝处理(发黑):工件在空气—水蒸气或化学药物的溶液中在室温或加热到适当温度,在工件表面形成一层蓝色或黑色氧化膜,以改善其耐蚀性和外观的表面处理工艺。

20. 磷化

磷化:把工件浸入磷酸盐溶液中,在工件表面形成一层不溶于水的磷酸盐薄膜的表面处理工艺。

21. 喷砂

喷砂:以 400~600kPa 的压缩空气将砂粒高速喷射到工件的表面上,以清除工件表面的氧化皮和黏附物。为减少喷砂粉尘对环境和人体的危害,现多采用液体喷砂。

22. 喷丸

喷丸:利用抛丸器或喷嘴将钢丸高速射向工件表面,以清除工件表面的氧化皮和黏附物。如抛射速度足够大,可在工件的表面形成应压力,达到提高工件抗疲劳强度的目的。

23. 渗氮加淬火

渗氮加淬火:工件经渗氮或氮碳共渗后加热到 $\alpha+\gamma'-Fe_4N$ 共析温度以上然后淬冷,使表面形成厚层含氮马氏体的复合化学热处理工艺。通常采用感应加热到 760~780℃水冷淬火的方式。

24. 盐浴氮碳共渗复合处理

盐浴氮碳共渗复合处理:工件先在盐浴中进行氮碳共渗和氧化处理,经中间抛光后,再在氧化盐浴中处理,以提高工件耐磨性和抗蚀性的复合热处理工艺。

延伸阅读

1. 热处理类术语及定义

(1)保温:工件或加热介质在工艺规定温度下恒温保持一定时间的操作。恒温保持的时间和温度分别称保温时间和保温温度。

(2)奥氏体化:工件加热至 Ac_3 或 Ac_1 以上,全部或部分获得奥氏体组织的操作称为奥氏体化。工件进行奥氏体化的保温温度和保温时间分别称为奥氏体化温度和奥氏体化时间。

(3)冷却速度:热处理冷却过程中在某一指定温度区间或某一温度下,工件温度随时间下降的速率前者称为平均冷却速度,后者称为瞬时冷却速度。

(4)炉冷:工件在热处理炉中加热保温后,切断炉子能源,使工件随炉冷却的方式。

(5)等温转变:工件奥氏体化后,冷却到临界点(Ac_1 或 Ac_3)以下等温保持时过冷奥氏体发生的转变。

(6)连续冷却转变:工件奥氏体化后以不同冷却速度连续冷却时过冷奥氏体发生的转变。

(7)临界温度:指钢加热和(或)冷却时,发生相转变的温度。例如,Ac_1 是指钢加热时,开始形成奥氏体的温度,根据钢(或合金钢)的牌号不同,实验数据显示 Ac_1 的温度从 680℃到845℃不等;Ac_3 也表示为 A_{cm},是指亚共析钢加热时,所有铁素体都转变为奥氏体的温度,根据钢(或合金钢)的牌号不同,实验数据显示 Ac_3 的温度从720℃到906℃不等。具体温度值要通过《钢的临界温度参考值》查表获得。

2. 组织类术语及定义

(1)相:指金属组织中化学成分、晶体结构和物理性能相同的组分,其中包括固溶体、金属化合物及纯物质(如石墨)。

(2)组织:泛指用金相观察方法看到的由形态、尺寸不同和分布方式不同的一种或多种相构成的总体以及各种材料缺陷和损伤。

(3)宏观组织(低倍组织):金属试样的磨面经适当处理后用肉眼或借助放大镜观察到的组织。

(4)显微组织:将用适当方法(如侵蚀)处理后的金属试样的磨面或用适当方法制成的薄膜置于光学显微镜或电子显微镜下观察到的组织。

(5)晶粒:多晶体材料内以晶界分开、晶体学位向基本相同的小晶体。

(6)晶粒度:指多晶体内晶粒的大小,可用晶粒号、晶粒平均直径、单位面积或单位体积内的晶粒数目定量表征。

(7)树枝(状)组织:金属铸件中呈树枝状的晶体(晶粒)。

(8)共晶组织:金属凝固时,由液相同时析出,紧密相邻的两种或多种固相构成的铸态组织。

(9) 共析组织：固态金属自高温冷却时，从同一母相中同时析出，紧密相邻的两种或多种不同的相构成的组织。

(10) 针状组织：含有一种(或多种)针状相的组织。

(11) 片层状组织：两种或多种薄层状相交替重叠形成的共晶组织、共析组织及其他组织。

(12) α铁：在921℃以下稳定存在，晶体结构为体心立方的纯铁。

(13) γ铁：在921~1390℃稳定存在，晶体结构为面心立方的纯铁。

(14) 铁素体：α铁中溶入一种或多种溶质元素构成的固溶体。

(15) 奥氏体：γ铁中溶入碳和(或)其他元素构成的固溶体。它是以英国冶金学家R. Austen的名字命名的。

(16) 渗碳体：晶体结构属于正交系，化学式为Fe_3C的金属化合物，是钢和铸铁中常见的固相。

(17) 碳化物：钢铁中碳与一种或数种金属元素构成的金属化合物的总称。两种金属元素与碳构成的化合物称为三元碳化物或复合碳化物，如$(Fe、Cr)_3$等。三种或更多种金属元素与碳构成的化合物$(Fe、Mn、W、V)_3C$等只能被称为复合碳化物。

(18) 珠光体：铁素体薄层(片)与碳化物(包括渗碳体)薄层(片)交替重叠组成的共析组织。

(19) 索氏体：在光学金相显微镜下放大600倍以上才能分辨片层的细珠光体。它是以英国冶金学家H. C. Sorby的名字命名的。

(20) 托氏体：在光学金相显微镜下已无法分辨片层的极细珠光体。它是以法国金相学家L. Troost的名字命名的。

(21) 马氏体：钢铁或非铁金属中通过无扩散共格切变型转变(马氏体转变)形成的产物统称马氏体。钢铁中马氏体转变的母相是奥氏体，由此形成的马氏体化学成分与奥氏体相同，晶体结构为体心正方，可被看作是过饱和固溶体，主要形态是板条状和片状。它是以德国冶金学家A. Martens的名字命名的。

(22) 莱氏体：铸铁或高碳高合金钢中由奥氏体(或其转变的产物)与碳化物(包括渗碳体)组成的共晶组织。它是以德国冶金学家A. Ledebur的名字命名的。

(23) 石墨：碳的一种同素异构体，晶体结构属于六方系，是铸铁中常出现的固相。其空间形态有片状、球状、团絮状、蠕虫状等。

(24) 贝氏体：钢铁奥氏体化后，过冷到珠光体转变温度区与ms之间的中温区等温，或连续冷却通过这个中温区时形成的组织。这种组织由过饱和固溶体和碳化物组成。它是以美国冶金学家E. C. Bain的名字命名的。

(25) 上贝氏体：在较高的温度范围内形成的贝氏体。其典型形态是以大致平行、碳轻微过饱和的铁素体板条为主体，短棒状或短片状碳化物分布于板条之间。在含硅、铝的合金钢中碳化物全部或部分被残留奥氏体所取代。

(26) 下贝氏体：在较低温度范围内形成的贝氏体。其主体是双凸透镜片状碳过饱和铁素体，片中分布着与片的纵向轴呈55~65℃角平行排列的碳化物。

(27) 残留奥氏体(残存奥氏体)：工件淬火冷却至室温后残存的奥氏体。

(28) 组织组分：金属显微组织中具有同样特征的部分。例如退火态亚共析钢中的铁素体、珠光体。

(29) 魏氏组织：组织组分之一呈片状或针状沿母相特定晶面析出的显微组织，是以从铁—镍陨石中发现这种组织的奥地利矿物学家 A. J. Widmanstatten 的名字命名的。

(30) 带状组织：金属材料中两种组织组分呈条带状沿热变形方向大致平行交替排列的组织。例如钢材中的铁素体带—珠光体带、珠光体带—渗碳体带等。

(31) 粒状珠光体：碳化物呈颗粒状弥散分布于铁素体基体中的珠光体。

(32) 亚组织(亚结构)：只有借助电子显微镜才能观察到的组织结构，例如位错、层错、微细孪晶、亚晶粒等。

(33) 位错：晶体中常见的一维缺陷(线缺陷)。在透射电子显微镜下金属薄膜试样的衍衬象中表现为弯曲的线条。

(34) 层错：面心立方、密排六方、体心立方等常见金属晶体中密排晶面堆垛层次局部发生错误而形成的二维晶体学缺陷(面缺陷)。在透射电子显微镜下的金属薄膜试样衍衬象中表现为若干平直干涉条纹组成的带。

(35) 二次马氏体：工件回火冷却过程中残留奥氏体发生转变形成的马氏体。

3. 缺陷类

(1) 氧化：工件加热时，介质中的氧、二氧化碳和水蒸气等与之反应生成氧化物的过程。

(2) 脱碳：工件加热时介质与工件中的碳发生反应，使表层含碳量降低的现象。

(3) 淬火冷却开裂：淬火冷却时工件中产生的内应力超过材料断裂强度，在工件上形成裂纹的现象。

(4) 淬火冷却畸变：工件原始尺寸或形状于淬火冷却时发生的人们所不希望的变化。

(5) 淬火冷却应力：工件淬火冷却时，因不同部位出现瞬间温差及组织转变不同步而产生的内应力。

(6) 热应力：工件加热和(或)冷却时，由于不同部位出现温差而导致热胀和(或)冷缩不均所产生的应力。

(7) 相变应力：热处理过程中因工件不同部位组织转变不同步而产生的内应力。

(8) 残留应力：工件在各部位已无温差且不受外力作用的条件下存留下来的内应力。

(9) 软点：工件淬火硬化后，表面硬度偏低的局部小区域。

(10) 过烧：工件加热温度过高，致使晶界氧化和部分熔化的现象。

(11) 过热：工件加热温度偏高而使晶粒过度长大，以致力学性能显著降低的现象。

(12) 氢脆：工件因吸收氢而导致韧度降低和延时断裂强度降低的现象。

(13) 白点：工件中的氢呈气态析出引起的一种缺陷。在纵向断口上表现为接近圆形或椭圆形的银白色斑点；在侵蚀后的宏观磨片上表现为发裂口。

(14) 黑色组织：含铬、锰、硅等合金元素的渗碳工件渗碳淬火后可能出现的缺陷组织，在光学金相显微镜下呈断续的黑色网，是内氧化的结果。

(15) 网状碳化物组织：渗碳介质活性过强，渗碳阶段温度偏高，扩散阶段温度偏低或渗碳时间偏长,致使工件表层中碳化物沿奥氏体晶界呈网状析出而形成的缺陷组织。

(16)回火脆性:工件淬火后在某些温度区间回火产生的脆性。

(17)不可逆回火脆性(第一类回火脆性)。工件淬火后在350℃回火时产生的回火脆性。

(18)可逆回火脆性(第二类回火脆性):含有铬、锰、铬、镍等元素的合金钢工件淬火后,在脆化温度区(400℃～550℃)回火,或在更高温度回火后缓慢冷却所产生的脆性。这种脆性可通过高于脆化温度的再次回火并快速冷却予以消除。消除后,若再次在脆化温度区回火或在更高的温度回火后缓慢冷却,则重新脆化。

请列表对比正火、淬火、退火的加热温度、加热速度、加热时间和冷却速度,并写明确定的依据。

	正　火	淬　火	退　火
加热温度			
确定的依据			
加热速度			
确定的依据			
加热时间			
确定的依据			
冷却速度			
确定的依据			

四、工艺规范的选择

1. 钢件正火工艺规范的选择

(1)应根据工件的钢号、热处理目的等因素确定。常用加热温度的一般原则如下:

正火:Ac_3(或 A_{cm}) + (30～80)℃;

等温正火:Ac_3(或 A_{cm}) + (30～50)℃。

(2)加热速度:根据工件的成分、尺寸和形状及堆放形式、装炉量等因素来确定,对高碳高合金钢及形状复杂的或截面大的工件一般应进行预热,或者采用低温入炉、控制升温速度的加热方式。中、小件可在工作温度装炉加热。

(3)加热时间:加热时间应根据工件的化学成分、形状和尺寸、加热温度、加热介质、加热方式、装炉量和堆放形式及处理目的等因素确定。应保证工件在规定的加热温度范围内保持足够的加热时间。

(4)冷却速度:冷却速度应根据所需的组织和力学性能选择适当的冷却工艺。

正火件一般在自然流通的空气中冷却。对于有特殊要求的某些渗碳钢、过共析钢工件和铸件以及大件正火,也可以采用强制通风或喷雾冷却,但应控制冷却速度。

2. 钢件淬火工艺规范的选择

(1)选择加热温度的依据是钢的临界点。其一般原则如下:

亚共析钢:$Ac_3 + (30 \sim 50)$℃;

共析钢、过共析钢:$Ac_1 + (30 \sim 50)$℃。

(2)选择加热温度时还应考虑工件的材料牌号、性能要求、原始组织状态等因素。必要时应进行小批量试淬,以选择合适的加热温度范围。

(3)加热速度:高碳高合金钢及形状复杂的或者截面大的工件应进行预热,或者采用低温入炉、控制升温速度的加热方式。形状不太复杂的中小件可直接放入达到淬火温度的炉中加热。

(4)加热时间:炉中的工件应在规定的加热温度范围内保持适当的时间,保证必要的组织转变和扩散。加热时间与工件的材料牌号、形状和尺寸、加热温度、加热介质、加热方式、装炉方式、装炉量等因素有关,应根据具体情况而定,必要时应通过试样试淬来确定合适的加热时间。

(5)冷却:应控制适当冷却速度。冷却介质的使用温度控制范围不应超过对应介质使用温度要求的规定范围;应采用适当的冷却方式,使工件表面各部位均匀地冷却。

3. 钢件回火工艺规范的选择

(1)回火温度、回火时间和回火次数由工件的材料牌号、性能要求确定。确定回火时间还应考虑到工件的尺寸及加热介质等因素。对具有第一类回火脆性的钢材,必须避开回火脆性温度区间;对具有第二类回火脆性的钢材,在回火脆性温度区间内加热后应采用油或水冷却。

(2)工件的回火应在淬火后及时进行。

4. 钢件退火工艺规范的选择

(1)应根据工件的钢号、热处理目的等因素确定。常用加热温度的一般原则如下:

完全退火:$Ac_3 + (30 \sim 50)$℃;

不完全退火:$Ac_1 + (30 \sim 50)$℃;

等温退火:亚共析钢 $Ac_3 + (30 \sim 50)$℃;

共析钢和过共析钢 $Ac_1 + (20 \sim 40)$℃;

球化退火:$Ac_1 + (10 \sim 20)$℃;

去应力退火:$Ac_1 - (100 \sim 200)$℃;

均匀化退火:$Ac_3 + (150 \sim 200)$℃;

再结晶退火:$Ac_1 - (50 \sim 150)$℃。

(2)加热速度:根据工件的成分、尺寸和形状及堆放形式、装炉量等因素来确定,对高碳高合金钢及形状复杂的或截面大的工件一般应进行预热,或者采用低温入炉、控制升温速度的加热方式。中、小件可在工作温度装炉加热。

(3)加热时间:加热时间应根据工件的化学成分、形状和尺寸、加热温度、加热介质、加热方式、装炉量和堆放形式及处理目的等因素确定。应保证工件在规定的加热温度范围内保持足够的加热时间。

(4) 冷却速度：冷却速度应根据所需的组织和力学性能选择适当的冷却工艺。

退火件一般在随炉冷却到低于550℃后出炉空冷。对于要求内应力较小的工件应随炉冷却到小于350℃再出炉空冷。

课题三　简单热处理操作

请对汽车横拉杆短接头进行淬火，低温回火。首先在下面空白处将操作工序列出来。

一、简单热处理设备

1. 常规箱式电阻炉

常规箱式电阻炉可分为高温箱式炉、中温箱式炉、低温箱式炉三种类型，主要由炉壳、炉衬、炉门、传动机构、电热元件及电气控制装置组成，如图4-3、图4-4所示。炉壳由钢板及型钢焊接而成，炉衬一般由轻质高铝砖、轻质黏土砖、耐火纤维、保温砖以及填料组成。电热元件多为铁铬铝、镍铬合金丝绕成的螺旋体，分别安装在炉膛侧壁搁砖和炉底上。高中温炉底部电热元件用耐热钢炉底板覆盖，工件置于炉底板上进行加热。

图4-3　箱式电阻炉

图4-4　箱式电阻炉

2. 新型感应加热炉

新型感应加热炉包括电源及电气控制部分、炉体部分、传动装置及水冷系统,如图 4-5～图 4-7 所示。感应加热是利用电磁感应的方法使被加热的材料(即工件)的内部产生电流,依靠这些涡流的能量达到加热目的。感应加热系统的基本组成包括感应线圈、交流电源和工件。根据加热对象不同,可以把线圈制作成不同的外形。线圈和电源相连,电源为线圈提供交变电流,流过线圈的交变电流产生一个通过工件的交变磁场,该磁场使工件产生涡流来加热。感应加热是伴随着汽车工业和拖拉机工业的诞生而起步的。

图 4-5　感应加热炉

图 4-6　感应加热炉

图 4-7　感应加热炉

感应加热炉的特点:
(1)非接触式加热,热源和受热物件可以不直接接触;
(2)加热效率高,速度快,可以减小表面氧化现象;
(3)容易控制温度,提高加工精度;
(4)可实现局部加热;
(5)可实现自动化控制;
(6)可减少占地、热辐射、噪声和灰尘。

目前常用的、最有效的热处理工艺,具有下列多种应用:表面淬火、透热淬火、回火和消除应力(低温)、退火和正火(高温)、焊缝退火、粉末金属烧结等。

本书针对使用较为普及的箱式电阻炉为例作介绍。

二、安全事项

(1)电炉通电前应先合闸,再开控制柜电钮,停炉前应先关闭控制柜电钮后再拉闸。

(2)第一次使用或长期停用后再次使用时应先进行烘炉,温度200～600℃,时间约4h。

◇小提示:从升温开始到温度在400℃以下的区间内,每加热10min后将炉门打开一小缝,便于水蒸气逸出;2min后关闭炉门,继续加热10min后再打开一小缝,直至400℃为止。

(3)使用时切勿超过电阻炉的最高温度。

(4)装取试样时一定要切断电源,以防触电。

(5)装取试样时炉门开启时间应尽量短,以延长电炉使用寿命。

(6)禁止向炉膛内灌注任何液体。

(7)不得将沾有水和油的试样放入炉膛,不得用沾有水和油的夹子装取试样。

(8)装取试样时要戴专用手套,以防烫伤。

(9)试样应放在炉膛中间,整齐放好,切勿乱放。

(10)不得随便触摸电炉及周围的试样。

(11)使用完毕后应切断电源、水源。

(12)未经管理人员许可,不得操作电阻炉,严格按照设备的操作规程进行操作。

三、简单的热处理

以对汽车横拉杆(短接头,45钢,图4-8)淬火、低温回火为例介绍简单的热处理。

图4-8 汽车横拉杆短接头总成

1.热处理前准备

(1)热处理加热炉:箱式电阻炉(≤1300℃,型号:SRJX-4-13)1台,用于淬火加热保温;箱型电阻炉(≤900℃,型号:SRJX-4-9)1台,用于回火加热保温。

(2)盛有冷水的水槽一个(淬火快速冷却用)、火钳一把(用于取热工件、搅拌)。

(3)安全保护用品:皮手套、工作服、工作鞋。

◇小提示:冷水槽放置应该牢靠,距离加热炉近一些,便于将工件从加热炉取出后迅速安全放进去冷却处理。

2.开机前检查

(1)检查热处理设备是否按标准做了可靠搭铁。

(2)全部连接点是否连接可靠,接触是否良好。

(3)输入电源所接的电压是否符合该设备的供电标准。

(4)显示屏是否显示正常,按钮是否灵活可靠。

3.工件准备

将工件擦拭干净,不得有油污或碎屑。

项目四 金属的热处理

4. 淬火操作

(1)通电前,先检查接线有否符合,控制器上等接线螺丝有否松落现象。

(2)用夹钳将样品放在箱型电阻炉内耐火砖上,并关闭好箱型电阻炉门。

(3)打开电源开关,通过操作仪表面板(图4-9)按钮设定参数:加热温度840℃,保温时间为20min。

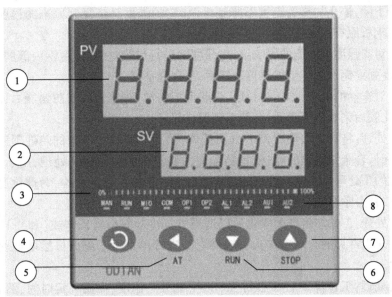

图4-9 仪表面板

◇小提示:淬火温度和保温时间可以通过《热处理手册》工具书查得。保温时间包括炉料透烧所需均热时间和达到温度后完成相变所需时间,它与加热温度、加热介质、材料本身性质、尺寸以及物料堆放方式等因素有关。加热时间通常根据工件有效厚度计算,规定圆柱形工件按直径计算。本样品直径为$\phi 15mm$,根据碳钢在空气电阻炉中每1mm有效厚度的加热时间为$0.9 \sim 1.1min$,为保证加热效果良好,选择保温20min。

(4)工作时间到后关闭电炉开关,迅速取出样品,放到冷水槽淬火处理。

◇小提示:样品迅速放入冷水槽中并剧烈搅拌,使样品能淬透。

5. 回火操作

加热同淬火,不同的是温度设置为200℃。把经过淬火处理后的样品放入已调好200℃温度的箱式电阻炉内恒温区的耐火砖上,待3min后(使炉温稳定)开始计时,保温40min后,用火钳夹出样品放在已准备好的耐火砖上空冷至室温。

6. 作业后整理

(1)将电源开关关闭,调节设备。

(2)将夹钳放回原位,妥当放置工件、防护用品。

(3)收拾工作场所,清扫地面。

项目小结

1. 热处理是指通过加热、保温和冷却的方法,来改变钢内部组织结构,从而改善其性能的一种工艺。热处理的工艺过程包括加热、保温和冷却三个阶段,可用热处理工艺曲线来表示。

2. 钢的热处理工艺通常分为退火、正好、淬火、回火、化学热处理及形变热处理等。通过不同的热处理工艺,使钢材得到不同的组织,从而充分发挥钢材性能的潜力。

3. 加热对低碳钢性能的影响:对低碳钢进行加热时,随着钢板温度的增高,其强度和刚度也随着下降;停止加热后温度下降到常温,它的强度又恢复到原来的程度;加热操作后不会降低钢板原有的强度。

4. 加热对高强度钢性能的影响:对高强度钢进行加热时,高强度钢内部的金属晶粒会发生改变;高强度钢经过过度加热再冷却后,强度会下降。

5. 加热对车辆的影响:损坏镀锌层,引起钢板锈蚀,降低钢板的防锈能力;改变钢铁强度;形成氧化膜后钢板厚度降低;会使车辆燃烧起来。

6. 正火处理:将材料加热到850℃(奥氏体化)后在空气中冷却的热处理工艺,适用于低、中碳钢和低合金结构钢的铸、锻件消除应力和淬火前的预备热处理,用于某些低温化学热处理件的预处理及某些结构钢的最终热处理。消除网状碳化物,为球化退火做准备。细化组织,改善力学性能和切削性能。

7. 淬火处理:工件加热奥氏体化后以适当方式冷却获得马氏体或(和)贝氏体组织的热处理工艺。最常见的有水冷淬火、油冷淬火、空冷淬火等。淬火虽然增加硬度,但同时也增加脆性。

8. 回火处理:工件淬硬后加热到 Ac_1 以下的某一温度,保温一定时间,然后冷却到室温的热处理工艺。回火处理可使材料的内部组织稳定,以增加韧性。回火处理分为低温回火、中温回火和高温回火。调质:工件淬火并高温回火的复合热处理工艺。

9. 退火处理:工件加热到适当温度,并保持一定时间,然后缓慢冷却的热处理工艺。加热的温度依其需求而有所不同。

10. 钢件正火工艺规范的选择:(1)根据工件的钢号、热处理目的等因素确定加热温度;(2)加热速度根据工件的成分、尺寸和形状及堆放形式、装炉量等因素来确定;(3)加热时间根据工件的化学成分、形状和尺寸、加热温度、加热介质、加热方式、装炉量和堆放形式及处理目的等因素确定;(4)冷却速度根据所需的组织和力学性能选择适当的冷却工艺。

11. 钢件淬火工艺规范的选择:(1)选择加热温度的依据是钢的临界点;(2)选择加热温度时还应考虑工件的材料牌号、性能要求、原始组织状态等因素;(3)加热速度:进行预热或者采用低温入炉、控制升温速度的加热方式;(4)加热时间与工件的材料牌号、形状和尺寸、加热温度、加热介质、加热方式、装炉方式、装炉量等因素有关;(5)冷却不应超过对应介质使用温度所要求的规定范围。

12. 钢件回火工艺规范的选择:(1)回火温度、回火时间和回火次数由工件的材料牌号、性能要求确定,还应考虑到工件的尺寸及加热介质等因素;(2)工件的回火应在淬火后及时进行。

13. 钢件退火工艺规范的选择:(1)应根据工件的钢号、热处理目的等因素确定;(2)加热速度根据工件的成分、尺寸和形状及堆放形式、装炉量等因素来确定;(3)加热时间根据工件的化学成分、形状和尺寸、加热温度、加热介质、加热方式、装炉量和堆放形式及处理目的等因素确定;(4)冷却速度根据所需的组织和力学性能选择适当的冷却工艺。

练习题

一、填空题

1. 热处理是指通过_____、_____和_____的方法,来改变钢内部组织结构,从而改善其性能的一种工艺。

2. 钢的热处理工艺通常分为_____、_____、_____、_____、化学热处理及形变热处理等。通过不同的热处理工艺,使钢材得到不同的组织,从而充分发挥钢材性能的潜力。

3. 加热对车辆的影响:损坏_____层,引起钢板锈蚀,_____钢板的防锈能力;改变钢铁强度;形成氧化膜后钢板厚度降低;会使车辆燃烧起来。

4. _____是将材料加热到850℃(奥氏体化)后在空气中冷却的热处理工艺。

5. 正火适用于_____、_____碳钢和_____合金结构钢的铸、锻件消除应力和_____前的预备热处理,用于某些低温化学热处理件的预处理及某些结构钢的最终热处理。

6. _____是将工件加热奥氏体化后以适当方式冷却获得马氏体或(和)贝氏体组织的热处理工艺,最常见的有_____、_____、_____等。

7. _____是将工件淬硬后加热到 Ac_1 以下的某一温度,并保温一定时间,然后冷却到室温的热处理工艺。调质是指将工件淬火并_____的复合热处理工艺。

8. 回火处理可使材料的内部组织_____,以增加_____。按温度不同分为_____回火、_____回火和_____回火。

9. _____处理:工件加热到适当温度,保持一定时间,然后缓慢冷却的热处理工艺。加热的温度依其需求而有所不同。

10. 钢铁的热处理必须以调整_____和_____来控制;热处理的结果依金属的含碳量和合金的种类而有所不同。

二、判断题

1. 冷轧钢板主要用途:车架、车辆车身内部钢板、底盘零件、底盘大梁、建材(H槽或L槽)。(   )

2. 大多数整体式车身都采用冷轧钢板制成,主要用于制作大多数的汽车车身组件。(   )

3. 高强度钢可以采用气体保护焊焊接或电阻点焊,也允许采用氧乙炔焊和电弧焊来焊接。(   )

4. 热处理的工艺过程包括加热、保温和冷却三个阶段,可用热处理工艺曲线来表示。通过不同的热处理工艺,使钢材得到不同的组织,从而充分发挥钢材性能的潜力。(   )

5. 对低碳钢进行加热时,随着钢板温度的增高,其强度和刚度也随着下降;停止加热后温度下降到常温,它的强度又恢复到原来的程度;加热操作后不会降低钢板原有的强度。(   )

6. 对高强度钢进行加热时,高强度钢内部的金属晶粒会发生改变;高强度钢经过过度加热再冷却后,强度会下降。　　　　　　　　　　　　　　　　　　　(　　)

7. 淬火虽然增加硬度,但同时也增加脆性。　　　　　　　　　　　(　　)

8. 正火处理可使材料的内部组织稳定,以增加韧性。　　　　　　　(　　)

9. 时效处理(时效):工件经固溶处理或淬火后在室温或高于室温的适当温度保温,以达到沉淀硬化的目的。在室温下进行的称自然时效,在高于室温下进行的称人工时效。
　　　　　　　　　　　　　　　　　　　　　　　　　　　　　(　　)

10. 工件的回火应在淬火后及时进行。　　　　　　　　　　　　　(　　)

三、简答题

1. 什么是热处理,有哪几个过程？常见的热处理方式有哪几种？
2. 加热对低碳钢性能有何影响？
3. 加热对高强度钢性能有何影响？
4. 加热对车辆有何影响？
5. 什么是正火,其目的是什么？
6. 什么是淬火,其目的是什么？
7. 什么是回火,其目的是什么？
8. 什么是退火,其目的是什么？
9. 简述钢件正火工艺规范的选择方法。
10. 简述钢件淬火工艺规范的选择方法。
11. 简述钢件回火工艺规范的选择方法。
12. 简述钢件退火工艺规范的选择方法。

项目五　手工制作简单的成型作品

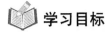学习目标

完成本项目学习后,你应能:
1. 认识钣金常用工具和设备;
2. 清楚钣金常用工具和设备的使用范围和注意事项;
3. 认识基本的钣金图形;
4. 运用绘图知识绘制展开图,完成放样;
5. 综合运用弯曲、咬缝等简单操作制作洒水壶。

建议课时:40课时

课题一　钣金常用工具和设备

课题任务

1. 任务题1图中是钣金工手上最常用的量具之一,名称为:_____。
2. 任务题2图中为游标卡尺测量某工件时的位置,图中主刻度k位置指示_____mm;游标尺第_____刻度与主尺对齐(n处),此工件总读数为:_____。

任务题1图

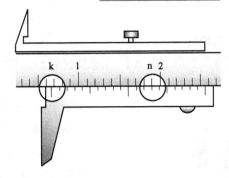

任务题2图

3. 任务题3a)图所示千分尺读数为:_____;
任务题3b)图所示千分尺读数为:_____。
4. 锤有_____、斩口锤、_____、木锤、橡胶锤、平锤、_____和摔锤等数种。
5. 质量在0.25~0.75kg,用于金属薄板的放边与收边加工的锤称为_____锤。

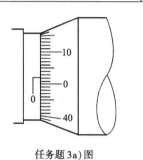

任务题3a)图

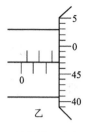

任务题3b)图

6.请列出至少5种常用的画线工具：_____。

7.本书所列的常用电动工具有_____、电动扳手、电剪、_____和角向磨光机等。

课题内容

冷作钣金工所用的工具和设备繁多，绝大多数同其他工种所用的相同，但还有一部分按本工种的特点自行自作，以满足加工要求，提高制作精度，降低劳动强度，提高生产率。

一、常用量具

冷作钣金工常用量具的品种很多，如钢直尺、钢卷尺、游标卡尺、90°角度尺等。

1.钢直尺

钢直尺如图5-1所示，用来测量较短零件的长度、内外径等尺寸。通常钢尺正面刻度为公制单位，背面有公、英制换算，钢尺尾端有孔。其测量范围：150mm、300mm、500mm、1000mm等；测量精度值：0.5mm。

钢直尺使用后要擦净尺面，把钢尺悬挂，以防变形。

图5-1 钢直尺

2.钢卷尺

钢卷尺如图5-2所示，用来测量较长工件的尺寸与距离，条带上刻度以公制单位为多，也有公英制并存。其测量范围：1m、2m、3m、5m、10m等；测量精度值：1mm。

钢卷尺因其可以收卷存放，便于使用和携带。

3.游标卡尺

游标卡尺如图5-3所示，为中等测量精度的量具。常用来测量工件的内、外径，带深度尺还可测量深度，还可用脚尖作少量的画线。其测量范围：0～200mm；测量精度值：0.02mm、0.05mm等。

游标卡尺使用后要擦净尺面、尺身，并把游标卡尺放入盒内，防止损坏；长期不用则需要涂上润滑油，放入盒内保存，以防生锈卡滞。

图5-2 钢卷尺

项目五 手工制作简单的成型作品

 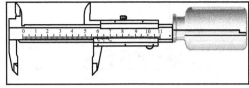

　　a) 游标卡尺实物　　　　　　　　　　　b) 游标卡尺测量深度

图 5-3　游标卡尺

4. 高度游标卡尺

高度游标卡尺如图 5-4 所示,是利用游标原理,对装置在尺框上的画线量爪工作面与底座工作面相对移动分隔的距离进行读数的一种测量工具,用来测量零件高度或对零件画线,其读数方法和读数值与游标卡尺相同。其测量范围:0~200mm、0~300mm、0~500mm、0~1000mm;测量精度值:0.02mm、0.05mm 等。

图 5-4　高度游标卡尺

5. 90°角尺

90°角尺如图 5-5 所示,是一种定值的角尺量具、检验工件的垂直度,也可以用来画垂线。其测量范围:0~300mm;测量精度值:0.5mm。

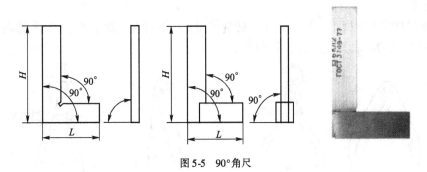

图 5-5　90°角尺

6. 万能角度尺(Ⅰ型)

万能角度尺如图 5-6 所示,是用来测量精密零件内外角度或进行角度画线的角度量具。万能角度尺的读数机构,是由刻有基本角度刻线的主尺 1 和固定在扇形板 6 上的游标 3 组成。扇形板可在尺座上回转移动(有制动器 5),形成了和游标卡尺相似的游标读数机构。

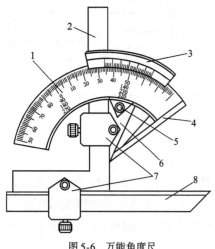

图 5-6 万能角度尺

万能角度尺属中等测量精度的量具,主刻线刻在主尺 1 上,每一小格为 1°。游标上刻线共 30 格,此 30 格的总角度为 29°,主尺上 1 格和游标上 1 格相差 2′=1°-58′,即得读数值为 2′。

测量范围:对角 0°~180°,内角 40°~130°;测量精度值:2′或 5′。

7. 活动量角器

活动量角器由活动量角器、中心角规和固定角规所组成(图 5-7),用来测量一般的角度、长度、深度、水平度以及在圆形零件上定中心等。其测量范围:活动量角器 0°~180°;固定角规:45°~90°;测量精度值:1°。

8. 水平尺

水平尺由尺身和水准管组成(图 5-8),用来测量零件表面的水平度。与尺身纵向平行的水准管能测量工件的水平位置,而与尺身纵向垂直的水准管能测量其垂直度。规格有 0.02/1000、0.05/1000。

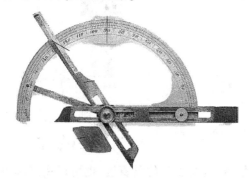

图 5-7 活动量角器

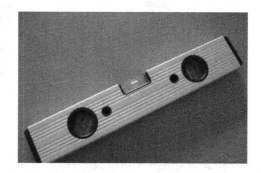

图 5-8 水平尺

9. 卡钳尺

卡钳尺如图 5-9 所示,是一种间接测量的量具,与钢直尺配合测量工件的内外尺寸。规格为 100~600mm,其使用方法如图 5-10 所示。

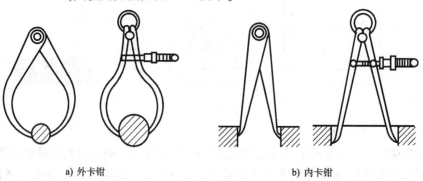

a) 外卡钳　　　　　　　　　　b) 内卡钳

图 5-9 卡钳尺

项目五 手工制作简单的成型作品

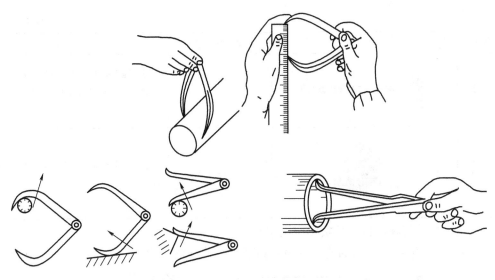

图 5-10 卡钳尺的使用

二、常用工具

冷作钣金工常用工具按其作用可分为锤、顶铁、凿子等手工工具,画线工具,风动工具,电动工具和起重工具等。

1. 钣金手工操作工具

(1) 锤。锤有圆头锤、斩口锤、钣金锤、木锤、橡胶锤、平锤、型锤和摔锤等数种。其中,圆头锤、斩口锤、八角锤、钣金锤、木锤和橡胶锤的规格和用途见表 5-1。

锤 的 种 类　　　　表 5-1

名称	简 图	规 格(kg)	用 途
圆头锤		0.25;0.5;0.75;1; 1.25;1.5	作一般锤击用,如錾削、矫正、铆接等
斩口锤		0.0625;0.125; 0.25;0.5	用于金属薄板的敲平及翻边等
八角锤		0.9~10.9	用于手工自由锻锤击工件,如原来材料的矫正、变形等
钣金锤	D1780 D1781 D1782 D1783 D1785 D1786 D1787 D1790	0.25~0.75	用于金属薄板的放边与收边加工

77

续上表

名称	简 图	规 格(kg)	用 途
木锤		0.25～1.5	用于锤击薄板、有色金属材料及对表面粗糙度有较高要求的表面,可防止锤痕
橡胶锤		0.25～0.5	适用于有色金属材料(铝、铜)工件的加工

型锤与顶铁将在项目六的实际应用中介绍。

(2)凿子。钣金工常用的凿子有扁凿和窄凿两种,形状如图 5-11 所示。

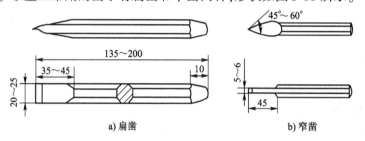

图 5-11 凿子(尺寸单位:mm)

扁凿用于凿切工件的毛刺、尖棱、凿削平面和凿断薄的板料;窄凿用于开孔和挑焊根等凿削加工。对于脆性材料,凿削到尽头 10mm 处要掉头凿削。

钣金工手工操作工具还有扳子、手锯、手工剪、虎钳、砂轮等,这里不一一介绍。

2. 画线工具

常用的画线工具有画规、地规、样冲、画针、手锥、粉线,如图 5-12 所示。

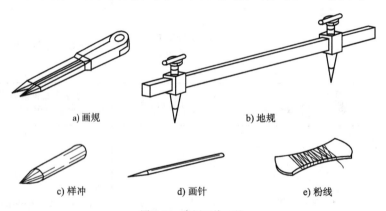

图 5-12 常用画线工具

画规:如图 5-12a)所示,也称圆规,用于画较小的圆或圆弧,也可用来截取线段。

地规:如图 5-12b)所示,用途与画规类似,只是用于画较大半径的圆。一般由工人自制,为防止画线时转动,最好用方管制作。松开锁紧螺钉,即可对其两画脚距离进行调节。

样冲:如图5-12c)所示,是用工具钢制成的,常用废钻头改制。样冲尖部磨成45°~60°的尖角,并且淬火硬化。放样时,用样冲来打标记。画圆时可以在圆心处打小坑以保证规脚的位置。钻孔时打样冲眼使钻头容易找正。圆筒构件的筒身下料时,用其标注中心线,以备装配时找正。

画针:如图5-12d)所示,一般用碳钢锻制而成,尖端为硬质合金。放样时,可用针在金属坯料上画线,使用时画针要向画线方向倾斜50°~70°,以防止画出弧线。

粉线:如图5-12e)所示,多用棉质细线、丝弦缠在粉线轴或胶皮上,用粉笔摩擦在线上打线。粉线多用于画大尺寸工件。用手上提时要拿正,防止弹出弧线。

画线工具还有墨线、线锤、画针盘、弓形夹头等,见表5-2。

画 线 工 具 　　　　　　　表5-2

名　称	简　图	用　途
墨线	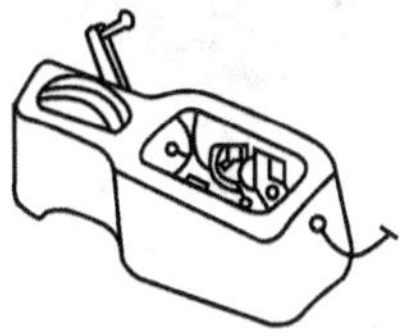	弹长直线
线锤		在制作上找垂直用
画针盘		在立方制作上画线
弓形夹头	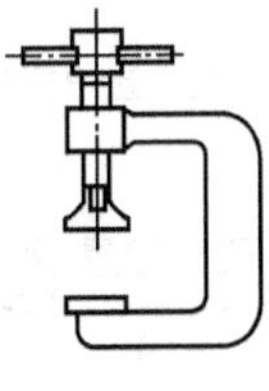	夹持工件用

3. 风动工具

风动工具请在本书项目九的相关内容里了解,这里不介绍。

4. 电动工具

常用的电动工具有电钻、电动扳手、电剪、电动型材切割机和角向磨光机等,见表5-3。

电动工具　　　　　　　　　　　　　表5-3

名　称	简　图	用　途
电钻		钻孔用
角向磨光机		金属铸件、零部件的清理、去毛刺、焊缝的打磨、抛光、砂光和除锈等
电动扳手		扳旋螺栓、螺母用
电动螺钉旋具		装拆螺钉用
电动型材切割机		切割各种型材
电动割管机		切割大尺、管子

5. 起重工具

起重工具是指起吊或提升时所用的工具,常用的有千斤顶、起重绳索和吊具等。

(1)千斤顶与起重滑车(表5-4)。

千斤顶与起重滑车　　　　　　　　　表5-4

名　称	简　图	用途和规格
螺旋式		用于顶举重物;型号为"LQ",起重量$(5\sim50)\times10^3$kg

续上表

名　称	简　图	用途和规格
齿条式		齿条式千斤顶具有导杆顶和钩脚。导杆顶用于顶升离地面较高的重物，钩脚用于顶升离地面较低的重物。起重量$(3\sim15)\times10^3$kg的齿条式千斤顶即导杆顶为15×10^3kg，钩脚为3×10^3kg
油压式		型号为"YQ"，起重量$(3\sim320)\times10^3$kg
分离式液压起顶机	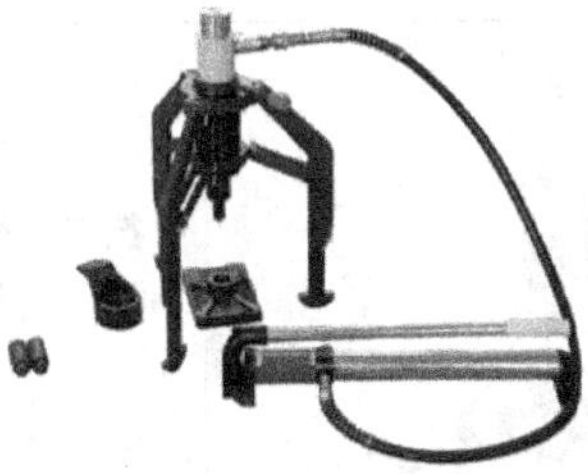	它由主体和油泵两部分组成，可远离重物1.5m左右进行操作，可用于起重，安装附件后还可以拉、压、扩张、夹紧等动作。有5×10^3kg和10×10^3kg两种
起重滑车（滑轮组）	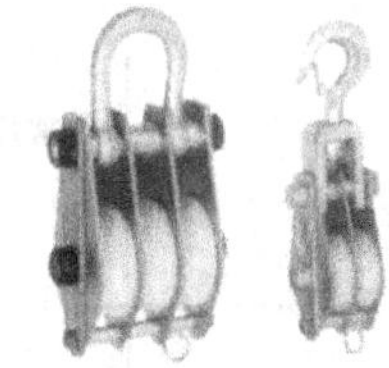	有吊钩型、吊环型、链环型和吊梁型。应用时与其他起重机械配合使用

（2）起重绳索与附件（表5-5）。

起重绳索与附件　　　　　　　　　　　　　　　　表5-5

名　称	图　示	特点与用途
麻绳		按使用的原料不同分印泥棕绳、白棕绳、混合和线麻绳四种。麻绳具有轻便、容易捆绑等优点，但强度低、容易磨损和腐蚀，用于吊运质量小于500kg的工件

续上表

名　　称	图　　示	特点与用途
尼龙绳 涤纶绳		质量小,质地柔软,耐腐蚀,抗拉强度比麻绳高得多,用于吊运表面光洁和表面不许磨损的工件
钢丝绳		具有强度高、耐磨损、工作可靠、成本低等优点,其缺点是不易折弯,不能吊运温度高的工件
吊索		按结构不同分:万能吊索、单钩吊索、双钩吊索等。钢丝绳吊索具有牢固、经济和使用方便等优点,应用广
吊链		按结构不同分:万能吊链、单钩吊链、双钩吊链。吊链自重大,挠性好,用于起吊沉重或高温的重物
卸扣		用于连接被吊重物和吊索,卸扣的横销以螺纹式最常用,连接后要卸开非常容易
索具螺旋扣 (花篮螺丝)		在受静止、固定拉力的场合,作调节绳索拉伸的松紧程度之用
钢丝绳用套环		装置在钢丝绳的连接端,保护绳索不致被磨损或折损

(3)常用吊具(表5-6)。

常用吊具　　　　　　　　　　　表5-6

名　称	图　示	用　途
平衡梁		吊运各种长尺寸的型钢、管子和轴类等零件。吊运中具有保持物件平衡和不被绳索擦坏及无需捆绑的优点
手拉葫芦		在野外或工地无起重设备的场合,用于起升重物。起重量为$(0.5\sim10)\times10^3\,\mathrm{kg}$,起升高度在$2.5\sim5\mathrm{m}$之间
电动葫芦		一般安装在直线或曲线工字梁轨道上,用于起升和运输重物。起重量为$(0.5\sim10)\times10^3\,\mathrm{kg}$,起升高度在6m以上

起重注意事项:
①检查索具和吊具是否完好,发现有裂纹、变形、锈蚀等缺陷时,应禁止使用。
②按重物的形状,采用合理的捆绑方法,捆绑不好的不准挂钩。
③禁止绳索与重物的棱角接触,以防受力切断。吊运带有棱角的重物时,可在棱角与绳索间用木板衬垫。
④吊运已精加工的工件时,为防止加工表面擦伤,可用麻袋布或橡胶衬垫在工件与绳索间。
⑤吊运途中要避开人和障碍物。提升或下降要平稳,不准有冲击振动等现象发生。重物不得悬空过夜。
⑥对需防火、防爆、防震件的吊运,要有专人负责,严格听从指挥,并做好防火和防爆的准备工作。

三、常用设备

冷作钣金工在制造加工中常用到各种机械设备,其中有压力机、剪切机和弯曲校正机等锻压机械。

1. 压力机

压力机用于将板料压弯成各种形状,也可用于压延、冲裁、落料、切边等工作。常用的压力机有液压压力机和冲床等。

（1）液压压力机。液压压力机主要用于中（厚）钢板的冷（热）弯曲、成形、压制封头、折边、拉延和板材与结构件矫正等工作。常用的单臂冲压液压机如图 5-13 所示。

（2）冲床。数控转塔冲床如图 5-14 所示，是一种由计算机控制的高效、高精度、高自动化的板材加工设备。板材自动送进，只要输入简单的工件加工程序，即可在计算机的控制下自动加工，也可以采用步冲的方式，用小冲模冲出大的圆孔、方孔及任意形状的曲线孔。广泛用于电器开关、电子电工仪表、汽车零部件加工等行业，特别适用于多品种、中小批量复杂多孔板件的冲裁加工。

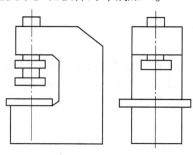
图 5-13　单臂冲压液压机

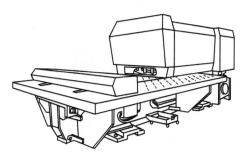
图 5-14　数控转塔冲床

2. 剪板机

剪板机的结构形式很多，按传动方式分为机械式和液压式两种；按其工作性质又可分为剪直线和剪曲线两大类。剪板机的生产效率高、切口光洁，是应用广泛的一种切割方法。图 5-15 所示为应用最为广泛的一种机械式剪切设备。

3. 型材弯曲机

型材弯曲机如图 5-16 所示，是一种专用于卷弯角钢、槽钢、工字钢、扁钢、方钢和圆钢等各种异型钢材的高效加工设备，可一次上料完成卷圆、校圆工序加工，广泛用于造船、机械制造和汽车制造与维修等行业。

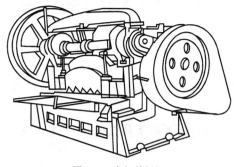
图 5-15　龙门剪板机

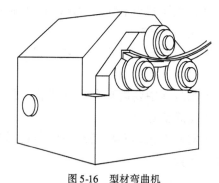
图 5-16　型材弯曲机

4. 弯管机

弯管机如图 5-17 所示，是在常温下对金属管材进行有芯或列芯弯曲的缠绕式弯管设备，广泛用于现代汽车制造与维修、造船、建筑及机械制造等行业。

5. 带锯床

卧式带锯床如图 5-18 所示，是弓锯床的更新换代产品，主要用于锯切各种棒材和型材，锯缝小，锯切精度高，是一种高效节能的落料设备。

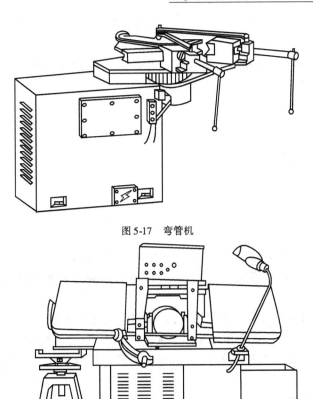

图 5-17　弯管机

图 5-18　卧式带锯床

课题二　钣金识图与绘制展开图

课题任务

1. 把在正面上看到的视图叫做_____，在水平面上的视图叫做俯视图，在侧面上的视图由于是从零件的左侧向右观察的，所以称为_____。

2. 三面视图的三条基本规律是：主、俯视图"_____"，俯、左视图"_____"，主、左视图"_____"。

3. 将机件的某一部分向基本投影面投影所得的视图称为_____视图。

4. _____视图是假想将零件的倾斜部分旋转到与某一选定的基本投影面平行后再向该投影面投影所得的视图。

5. 剖视图假想用面剖切零件，将处在观察者和_____之间的部分移去，而将其余部分向投影面投影所得的图形。

6. 不可见轮廓线和不可见过渡线通常用_____线表示，而可见轮廓线和可见过渡线则需要用_____线表示。

7. 钣金图一般在图样上只标注_____尺寸,有些零件的尺寸没有标注,只有等到实际放样后才能确定。

8. 为了清楚地表达这些构件或部件的加工要求,不仅需要零件图,往往还需要相关的_____图和部件图。

课题内容

一、识图基本知识

1. 钣金图样的特点

和其他加工方式的图样相比,由于冷作钣金的对象和加工工艺的特殊性,其图样有以下特点。

(1)钣金加工的对象往往是由许多零件组成的构件或部件。为了清楚地表达这些构件或部件的加工要求,不仅需要零件图,还往往需要相关的装配图和部件图。因此,图样较多、较复杂。

(2)由于板厚和构件的尺寸相差很大,造成图样上轮廓结合处的线条密集。为了表达一些与加工有关的细节,往往有多处采用放大的局部图、局部剖视和省略等画法。

(3)一般图样上只标注主要尺寸,有些零件的尺寸没有标注,只有等到实际放样后才能确定。

(4)尺寸较大的构件,由于受到毛料尺寸的限制,需要进行拼接,而图样上通常不予标注,这也需要根据技术要求、受力等情况合理安排拼接位置和拼接方式。

(5)有些构件图样上的结合处,其连接方式、接缝形式没有明确标注,这些需要根据技术要求、工艺条件等具体情况进行处理和确定。如果处理的结果会影响技术要求,则要会同有关技术部门协调处理。

2. 图样画法

(1)视图:零件(机件)向投影面上投影所得的图形。

图纸上零件的形状是通过视图表达出来的,而视图又是用正投影法画出来的。因此,我们首先要了解正投影法和视图的概念。

正投影法就是采用垂直于投影面的平行光线照射物体,从而获得物体投影的方法,如图5-19所示。

图5-19 正投影法

运用正投影法表示物体的形状,虽然缺乏立体感,但是画图简单,能够表示物体表面的真实形状,机械图样就采用这种方法来绘制。

由图5-20中可以看出,用正投影法在投影面上得到零件的投影,就如同将零件放在我们面前,沿着投影的方向进行观察,将看到的形状画成平面图形,如图5-21所示。因此,机械制图的国家标准规定:把零件在投影面上投影所得的图形叫做视图。在工程中,零件、构件的施工图都是采用这种正投影法画出来的。因此,掌握正投影法的一般规律是看懂视图的基础。

从图 5-20 和图 5-21 中,我们可以找出画图和看图的几条基本规律。

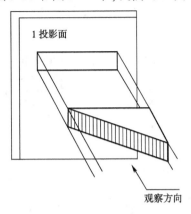

图 5-20　正投影观察方向

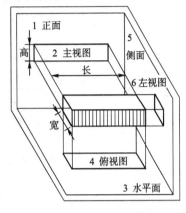

图 5-21　基本视图的投影面

①当物体的表面(平面)平行于投影面时,它的视图(投影)反映真实形状。这种特性叫做投影的真实性。

②当物体的表面(平行)垂直于投影面时,它的视图(投影)为一条直线。这种特性叫做积聚性。由这种特性可知,凡是零件上和投影面垂直的平面,它的视图都为一条直线。

③当物体表面(平面)倾斜于投影面时,它的视图(投影)必然小于图形,但平面的边数不变(例如平面图形原来为四边形,它的投影还是四边形)。这种特性叫做类似性。

④当物体上两直线互相平行时,它们的视图也必然互相平行(特殊情况下重合)。

(2)基本视图:从图 5-20 和图 5-21 中可以发现,长方块和三角块的视图形状是一样的,单从图 5-21 中也能看出,长方块的视图只反映了长方块的长和高,长方块的宽度在视图中反映不出来。因此,只靠一个视图是不能确定一个零件形状的,还必须增加一些其他的视图。

在图 5-21 的基础上增加一个与原投影面垂直而且水平放置的新投影面,和一个与原来正立放置的投影面垂直且竖立放置的新投影面。为了区别,把原来正立放置的投影面叫做正面,垂直且水平放置的投影面叫做水平面,垂直且竖立放置的投影面叫做侧面。按照机械制图的国家标准规定,把在正面上看到的视图叫做主视图;在水平面上的视图叫做俯视图;在侧面上的视图由于是从零件的左侧向右观察的,所以称为左视图。

从图 5-21 中可以归纳三面视图的三条规律为:主、俯视图"长对正",俯、左视图"宽相等",主、左视图"高平齐"。这三条规律通常被称作"三等规律"。它是制图和看图的基础,无论是对整体还是对零部件都是适用的。

主、俯、左三面视图基本能反映一个零件的形状、大小及各部分尺寸等。除这三面视图外,还有下列三面视图:

右视图——由右向左投影所得的视图;

仰视图——由下向上投影所得的视图;

后视图——由后向前投影所得的视图。

按照机械制图的国家标准规定,以上六面视图均属于基本视图,即零件向基本投影面投影所得的视图。基本投影面规定为正六面体的六个面,如图 5-22 所示。

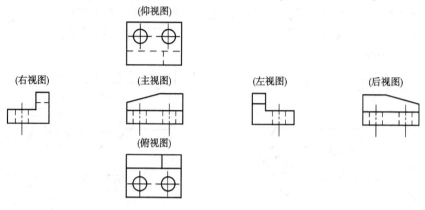

图 5-22 基本视图

(3)其他视图：

①斜视图：机件向不平行于任何基本投影面的平面投影所得的视图,如图 5-23 所示。画斜视图时,必须在视图的上方标出视图的名称"X 向",在相应的视图附近用箭头指明投影方向,并标注同样的字母;也可将图形旋转,标明"X 向旋转"。

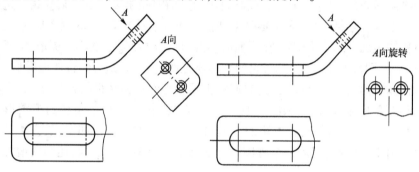

图 5-23 斜视图

②局部视图：将机件的某一部分向基本投影面投影所得的视图,如图 5-24 所示。画局部视图时,一般在视图的上方标出视图的名称"X 向",在相应的视图附近用箭头指明投影方向,并标注上同样的字母。

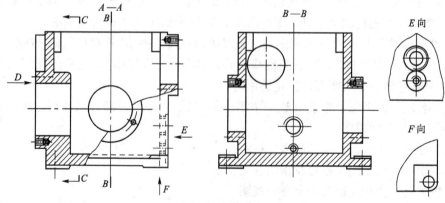

图 5-24 局部视图

局部视图和局部斜视图的断裂边界应以波浪线表示;当所表示的局部结构是完整的,而且外轮廓线又呈封闭时,波浪线可省略不画。

③旋转视图:假想将零件的倾斜部分旋转到与某一选定的基本投影面平行后再向该投影面投影所得的视图,如图5-25所示。

④剖视图:假想用面剖切零件,将处在观察者和剖切面之间的部分移去,而将其余部分向投影面投影所得的图形。

a. 全剖视图:用剖切面完全地剖开零件所得的剖视图,如图5-26所示。

b. 半剖视图:当机件有对称平面时,在垂直于对称平面的投影面上投影所得的图形,可以对称中心线为界,一半画成剖视图,另一半画成视图,如图5-27所示。

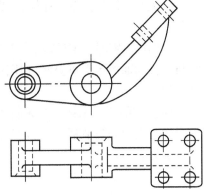

图 5-25　旋转视图

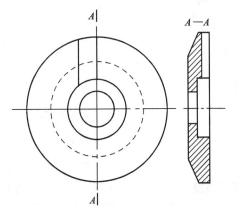

图 5-26　全剖视图

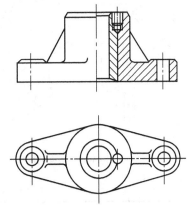

图 5-27　半剖视图

c. 旋转剖:用两相交的剖切平面(交线垂直与某一基本投影面)剖开零件的方法,如图5-28所示。

d. 阶梯剖:用几个平行的剖切面剖开零件的方法,如图5-29所示。

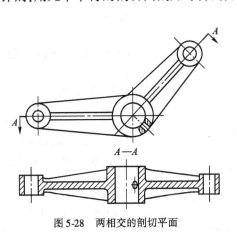

图 5-28　两相交的剖切平面

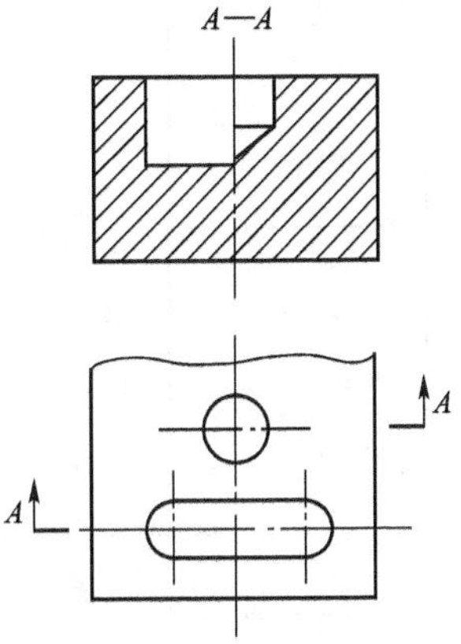

图 5-29　几个平行的剖切面

注意:采用这种方法画剖视图时,在图形内不应出现不完整的要素,当两个要素在图形上具有公共对称中心线或轴线时,可以各画一半,此时应以对称中心线或轴线为界。

e. 复合剖:除旋转、阶梯剖以外,用组合的剖切平面剖开零件的方法,如图 5-30 所示。

⑤剖面:假想用剖切面将零件的某处切断,仅画出断面的图形,如图 5-31 所示。轮廓线与重合剖面的图形重叠时,视图中的轮廓线仍连续画出,不可间断。对称的重合剖面不必标注。

(4)图线:工程图样是产品制造中的基本技术文件和表达技术思想的重要工具。画出的图样不仅应完整清晰、准确无误,在图样中的图线也要遵循有关的标准规定。图线及应用范围见表 5-7。

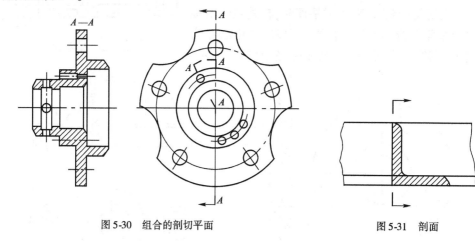

图 5-30 组合的剖切平面　　　　　　　　图 5-31 剖面

图线及应用范围　　　　　　　　表 5-7

图线名称	图线形式	代　号	图线宽度	应用范围
粗实线	———————	A	b	可见轮廓线; 可见过渡线
细实线	———————	B	约 $b/3$	尺寸线及尺寸界线; 剖面线; 重合剖面的轮廓线; 螺纹的牙底线及齿轮的齿根线; 引出线; 分界线及范围线; 弯折线; 辅助线; 不连续的同一表面的连线; 成规律分布的相同要素的连线
波浪线	∼∼∼∼∼	C	约 $b/3$	断裂处的边界线; 视图和剖视图的分界线

项目五 手工制作简单的成型作品

续上表

图线名称	图线形式	代 号	图线宽度	应 用 范 围
双折线	～〰〰～	D	约 b/3	断裂处的边界线
虚线	- - - - - -	F	约 b/3	不可见轮廓线； 不可见过渡线
细点画线	— · — · —	G	约 b/3	轴线； 对称中心线； 轨迹线； 节圆及节线
粗点画线	▬ · ▬ · ▬	J	b	有特殊要求的线或表面的表示线
双点画线	— ·· — ·· —	K	约 b/3	相邻辅助零件的轮廓线； 极限位置的轮廓线； 坯料或工艺用结构(成品上不存在)的轮廓线； 中断线

注：(1)图线宽度 b 通常按图的大小和复杂程度并以推荐的系列来进行选择。
(2) b 的推荐系列值为：0.18mm(由于图样复制中所存在的困难,应避免采用)、0.25mm、0.35mm、0.5mm、0.7mm、1mm、1.4mm、2mm。
(3)通常选择 b 值为 0.5～2mm,工程图样中推荐 b=1.4mm 和 b=1mm。

课题任务

1. 画直线时画针(或石笔)应向后倾斜_____度角。
2. 请在任务题 2 图中自 p 点作直线 ab 的垂线。
3. 请在任务题 3 图中自 p 点作直线 ab 的平行线。

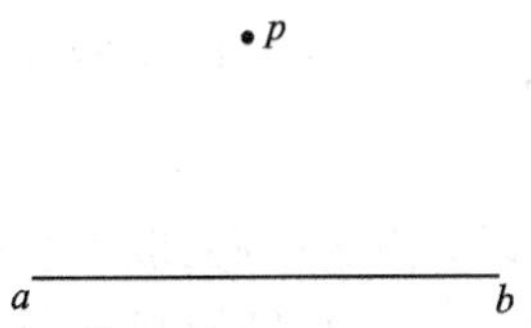

```
      •p                              •p


a─────────────b              a─────────────b
   任务题2图                      任务题3图
```

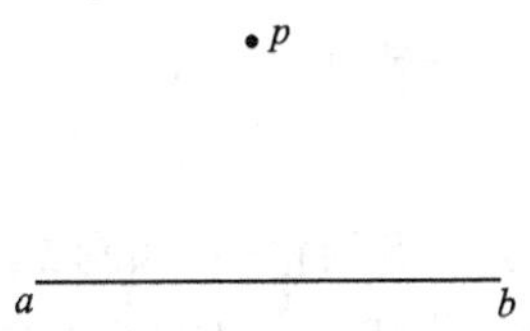

4. 请在任务题 4 图中画出此直角边的圆弧。($R=15$mm,角边线可延长)
5. 在任务题 5 图中,用已知半径 R 为 5mm 的圆弧连接锐角两边。(角边线可延长)

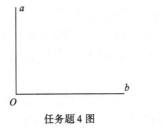

任务题4图

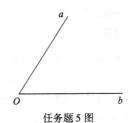

任务题5图

课题内容

二、基本几何图形的作法

（一）直线

1. 直线的作法

（1）短直线的作法：在小型制件画线时，当所画直线的长度小于1000mm时，可用画针或石笔紧靠直尺的一侧进行。注意在画直线时画针（或石笔）应倾斜一定的角度，如图5-32所示。

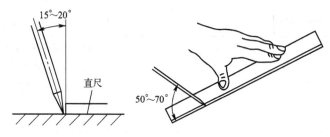

图5-32　短直线的作法

（2）中长直线的作法：当所画直线长度为1000～8000mm时，可采用粉线弹出，如图5-33所示。通常在直线大于4000mm时，应弹两次粉线且以两线重合为准。

（3）长直线的作法：当画线长度大于8000mm时，可用小于1mm的钢丝，用弹簧拉紧并托以垫块，然后再用90°角尺靠钢丝一侧并在其下端定出若干点，再用粉线以三点弹成直线而成，如图5-34所示。

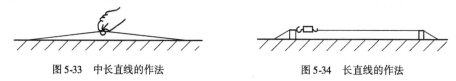

图5-33　中长直线的作法　　　　　　图5-34　长直线的作法

2. 垂线的作法

（1）作过直线上一点的垂线：如图5-35所示，以 p 点为中心，取适当长度为半径画弧交直线 ab 于 c、d 两点；分别以 c、d 两点为圆心，取大于前一半径的距离为半径画圆弧得出交点为 e，连接直线 ep，则得到直线 ep 垂直于 ab。

（2）作一直线外一点的垂线：如图5-36所示，以 p 点为圆心，取大于直线 ab 至 p 点的距离的长度为半径画圆弧，交直线 ab 于 c、d 两点；分别以 c、d 两点为圆心，以大于 cd 线一半的长度为半径画圆弧交点为 e，连接直线 ep，则直线 ep 垂直于 ab。

（3）作线段端点的垂线：如图5-37所示，在线段 ab 外任取一点 O，以 O 为圆心，取线段 Ob 为半径画圆交线段 ab 于 c 点，连接 Oc 并延长到圆弧 d 处，连接 bd，则直线 bd 垂直于 ab。

又如图5-38所示，可用勾股弦法作出。在线段 ab 上取适当的长度为 L，然后从 b 点开始量线段 $bd=4L$；再分别以 b、d 为圆心，分别取 $3L$、$5L$ 的长度为半径画圆弧得交点为 c，连接 bc，则 bc 垂直于 ab。

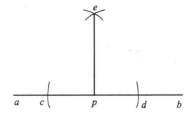
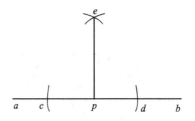

图 5-35　过直线上一点的垂线的作法　　　图 5-36　过直线外一点的垂线的作法

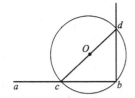
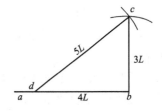

图 5-37　线段端点的垂线的作法 I　　　图 5-38　线段端点的垂线的作法 II

3．平行线的作法

(1) 作相距为 S 的平行线：如图 5-39 所示，在直线 ab 上任取两点为圆心，以 S 长为半径画两圆弧，作出两圆弧的切线 cd，则 cd 平行于 ab。

(2) 过直线外一点作平行线：如图 5-40 所示，以直线 ab 外的已知点 p 为圆心，取大于 p 点到 ab 的距离的长度为半径画圆弧交 ab 于 e 点。以 e 为圆心画圆弧过 p 点交 ab 于点 f，仍以 e 为圆心取 fp 的长度为半径画圆弧，与第一次所画的圆弧交于 g 点，过 p、g 两点作直线 cd，则 cd 平行于 ab。

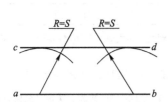
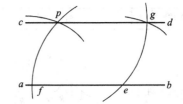

图 5-39　相距为 S 的平行线的作法　　　图 5-40　过直线外一点的平行线的作法

(二) 曲线

1．圆弧的作法

圆弧的画法通常用作图法来画，作图法又分准确和近似两种。下面介绍圆弧的准确画法。

如图 5-41 所示，用已知弦长和弦高求作圆弧。在图 5-41a) 中，先连接 ac、bc，并分别求作这两条直线的垂直平分线且相交于 O 点，再以 O 为圆心，aO 长度为半径画圆弧，即得。

在图 5-41b) 中，分别过 a、c 两点作 cd 和 ad 的平行线而得到矩形 $adce$；再连接 ac 且过 a 点作 ac 的垂线并交 ce 的延长线于点 f；在 ad、cf、ae 线上各截取相同的等分 (图中为四等分)；分别连接 ad 与 cf 上相应的等分点以及 ae 上的等分点分别与 c 点相连，可得到一组对应交点，然后圆滑连接这些对应交点，即得所求圆弧。

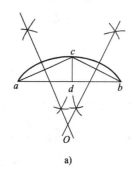
a)

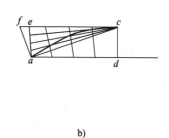
b)

图 5-41 圆弧的准确作法

2. 椭圆的作法

已知长轴和短轴的尺寸,作椭圆。如图 5-42 所示,以 O 为圆心,长轴的 1/2(Oa) 和短轴的 1/2(Oc) 为半径画两个同心圆,再将大圆的圆周进行等分(图中 $n=12$)并作对称连线;由大圆上各等分点,分别引轴的垂线,与小圆周上的各对应点所作的 ab 的平行线相交得交点;用圆滑曲线连接这些交点即得到所求椭圆。这种方法叫同心作法画椭圆。

已知长轴和短轴画椭圆还有四心作法、半径作法和矩形法,而同心作法最为精确。

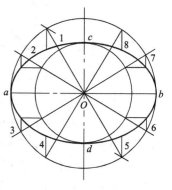

图 5-42 椭圆的作法

3. 各种圆弧连接的作法

各种圆弧连接的作法见表 5-8。

圆 弧 的 连 接 表 5-8

已知条件与要求	图　　示	操作要点
用已知半径为 R 的圆弧连接锐角两边		(1) 分别在两边内侧作与两边相距为 R 的平行线,得交点 O; (2) 过 O 点分别作两边的垂线得点 1、2; (3) 以 O 为圆心,用已知的 R 为半径画圆弧 $\overset{\frown}{12}$,即得到连接圆弧
用半径为 R 的圆弧连接直角边		(1) 以 b 为圆心,用已知 R 为半径画圆弧交 ab、bc 于 1、2 两交点; (2) 分别以 1、2 为圆心,以 R 为半径画圆弧交于 O 点,再以 O 为圆心,心 R 为半径画圆弧 $\overset{\frown}{12}$ 即得
用半径为 R 的圆弧连接半径为 R_1 的圆弧和 ab 直线		(1) 以 O_1 为圆心,R_1+R 为半径画弧与距 ab 线为 R 的平行线相交于 O 点; (2) 连接 O_1O 且过 O 作 ab 的垂线,得 d、c 两交点; (3) 以 O 为圆心,R 为半径画弧 $\overset{\frown}{cd}$ 即得

项目五　手工制作简单的成型作品

续上表

已知条件与要求	图　示	操作要点
用半径为 R 的圆弧连接已知的半径为 R_1 和 R_2 的两圆弧（两外弧连接）		(1) 分别以 O_1 和 O_2 为圆心，以 R_1+R 和 R_2+R 为半径画圆弧相交于 O 点，分别连接 OO_1 和 OO_2 得 1、2 两交点； (2) 以 O 为圆心，以 R 为半径画圆弧 $\overset{\frown}{12}$，即得到外连接弧
用半径为 R 的圆弧连接两已知圆弧（内、外弧连接）		(1) 分别以 O_1 和 O_2 为圆心，以 $R-R_1$ 和 $R-R_2$ 为半径画圆弧相交于 O 点，分别连接 OO_1 和 OO_2 得 1、2 两交点； (2) 以 O 为圆心，以 R 为半径画圆弧 $\overset{\frown}{12}$，即得到用半径为 R 的圆弧连接两圆弧的外连接弧
用半径为 R 的圆弧连接两已知圆弧（两内弧连接）		(1) 分别以 O_1 和 O_2 为圆心，以 $R-R_1$ 和 $R-R_2$ 为半径画圆弧相交于 O 点，分别连接 OO_1 和 OO_2 得 1、2 两交点； (2) 以 O 为圆心，以 R 为半径画圆弧 $\overset{\frown}{12}$，即得到用半径为 R 的圆弧连接两圆弧的外连接弧
从圆外一点 P 作圆的切线		(1) 连接 OP，取 OP 的中点为 O_1，再以 O_1 为圆心，OO_1 为半径画圆弧交圆 O 于点 1 和 2； (2) 连接 $P1$、$P2$，即得
作圆 O_1 和圆 O_2 的切线		(1) 以 O_1 为圆心，取 $R=R_1-R_2$ 为半径画圆； (2) 连接 O_1O_2 并取中点 O，再以 O 为圆心，O_1O 为半径画弧得 1、2 两交点； (3) 连接 $1O_1$、$2O_1$ 并反向延长得 3、4 两点； (4) 分别过 3、4 两点作 $1O_2$ 和 $2O_2$ 的平行线 3—5、4—6，即为所求切线
		(1) 连接 O_1O_2 且过这两点作其垂线得 a、b 两交点，再连接 ab 交 O_1O_2 于 P 点； (2) 分别取 PO_1 和 PO_2 的中点为 O_3、O_4 两点，分别以 O_3 和 O_4 为圆心，以 O_1O_3 和 O_4O_2 为半径画圆弧得点 1、2、3、4； (3) 连接 1—4、2—3 即为所求

课题任务

1. 画线按使用工具可分为_____画线和机械自动画线,初级工人需要用_____画线来训练基本功。

2. 设计时常采用比例法画线,工序间画线主要采用_____法画线。

3. 认识下列画线符号并填写在方框内。

4. 用圆规在钢板上画线时,为防止圆规脚尖的滑动,应先在确定处_____。

5. 请在你的漱口缸盖上确定出中心点。

6. 请在你的漱口缸底部吊好中心线,并在侧边距提手左下方边缘15mm处排孔。(直径20mm)

课题内容

三、放样展开的画线基础

画线包括在原材料上或经粗加工的坯料上画下料、加工、检验线及各种位置线,通常要打(写)上必要的标志、符号。

画线按使用工具可分为手工画线和机械自动画线;按操作位置又可分为平面画线和立体画线。画线是制作冷作钣金产品的第一道工序。

(一)画线的方法和常用符号、工具

1. 画线的方法

画线的方法有实样法和比例法两种。工序间画线主要采用实样法。

(1)实样法:指直接在原材料或半成品上按样板或1:1放样的办法画线。

(2)比例法:由人工或自动绘图仪在一些特定的材料(如纸)上,按比例画出图样,经光学等放大成1:1的图像投影在原材料上,再用人工或电印技术加以描绘。比例法便于纸面排料,效率高,可减轻劳动强度,适用于成批生产,但必须有相应的专业设备。

2. 画线常用符号

常用的画线符号见表5-9。

常用的画线符号　　　　　　　　表5-9

标记说明	符　号	符号说明
中心线		在线的两端打上三个样冲点,并注上标记符号
切断线		在线上打样冲并注上"S"符号表示剪切线;在双线上打样冲,并注上"S"符号表示切割线 在断线的一侧注上斜线符号,表示切断后为余料

续上表

标记说明	符 号	符号说明
对称线		在线的两端打上三个样冲点,并注上符号,表示零件图形以此线完全对称
压角线	正压 70° 反压 50°	在线的两端打上三个样冲点,并注上符号,表示钢材(或其他材料)需弯曲成一个角度
轧圆线	反轧圆 正轧圆	在钢板上注上如左图所示的反轧圆符号,表示弯成圆筒形后,标记在外侧。如标注如右图所示的正轧圆符号,表示弯成圆筒形后,标记在内侧
创边线		在线的两端均打上三个样冲点,并注上符号,表示加工以此线为准

3. 工具

画线的工具分为自动画线工具和手工画线工具两类。自动画线的工具是一些专业设备或计算机及辅助设备等机械,从某种意义上说,其受场地、画线尺寸等因素的影响,适用性被局限,而且成本也偏高一些。手工画线在实际工作中应用广泛,使用的工具通常有画针、石笔、圆规、长杆圆规、画规、粉线、直尺、角尺、样冲、画针盘、画线规、曲线尺、吊线锤、水平仪等。

(二)平面画线

平面画线比较简单,主要掌握下面的基本规则和注意事项,都可以画出来。

1. 基本规则

(1)垂直线需要用作图法求出,而不可用量角器或90°角尺画出。

(2)用画针或石笔画线时应紧靠在尺子或样板的边沿进行。

(3)用圆规在钢板上画线时,为防止圆规脚尖的滑动,应先在确定处打上样冲眼。

2. 注意事项

(1)画线前要检查钢材的牌号、厚度,是否与图样及技术条件要求一致。关键零件要记录钢材的试样号或炉(批)号。

(2)钢材的平面应平整,符合相应的技术图样及工艺要求。

(3)为保证画线的准确性,所用的量具、工具应定期检验校正。

3. 应考虑的工艺因素

(1)工件加工、成形时要考虑切割、卷圆、热加工等的影响。

(2)装配时板料边缘修正和间隙大小对工件的影响。

(3)焊接及火焰矫正的收缩变量。

(三)立体画线

立体画线从封头画线和筒体画线来学习基本的画线方法。

1. 封头画线及排孔

(1)校准环缝面。

①有人孔封头。如图5-43所示,将直尺放在椭圆人孔的长轴和短轴位置上,用垫块衬

托在封头的直边上,最终使直尺到平台的距离相等。

②无人孔封头。如图5-44所示,将90°角尺放在封头的四个对应方向,用不同厚度的垫块衬托,使封头的直边部分与90°角重合。然后将直尺放在封头顶部的最高处,量取两边 a 和 b 的高度,再以 $(a+b)/2$ 作为直尺到平台的距离。

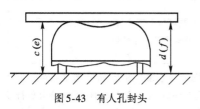

图5-43 有人孔封头

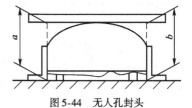

图5-44 无人孔封头

（2）画线段余量线。

如图5-45所示,校准环缝面之后,以平台为基准,用画针盘划出余量及有孔封头的人孔直段余量线。

（3）画中心线。

对于有人孔的封头画中心线如图5-46a)所示。先将尺放在人孔的短轴位置上,使轴线与直尺重合（目测),然后用90°角尺在封头的直线上画得Ⅰ、Ⅲ两点,再用钢卷尺量取Ⅰ、Ⅲ点的左、右两面半圆弧 $\stackrel{\frown}{a}$ 和 $\stackrel{\frown}{b}$ 以 $(\stackrel{\frown}{a}-\stackrel{\frown}{b})/2$ 的差值作同方向的平移,使 $\stackrel{\frown}{a}=\stackrel{\frown}{b}$,再以等弧长画出两条中心线Ⅱ和Ⅳ。

图5-45 画直线段余量线

画无人孔的中心线则如图5-46b)所示,用90°角尺先确定在有钢印位置下部的Ⅲ中心线。依照画有人孔封头中心线的"等弧长"法,顺次画出Ⅰ、Ⅱ和Ⅳ中心线即可。

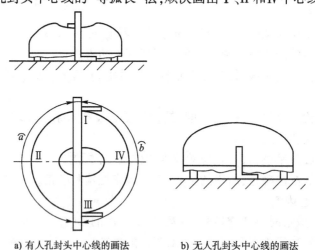

a) 有人孔封头中心线的画法　　b) 无人孔封头中心线的画法

图5-46 画中心线

（4）画十字基准线,定中心点。

如图5-47所示,在平台上用两把90°角尺分别对准Ⅰ、Ⅲ的中心线上,然后用醮满画粉的线靠在90°角尺上,从两端角尺的上方慢慢向下移动,此时在封头的曲面上会印出一条线。同理可画出另一条线。两条线的交叉点即为中心点。

(5) 排孔。

如图 5-48 所示，在平台上，以上、下中线画出 m 与 n 的距离，再用两把 90°角尺放准在画出的 m、n 点处，采用"划十字基准线"的办法画出十字线，交点即为孔的中心位置。

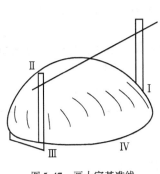

图 5-47　画十字基准线

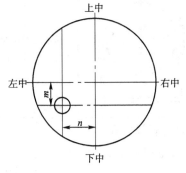

图 5-48　排孔

(6) 封头画线操作注意事项。

封头画线都是以平台为基准，当线条未全部画完时，不可在封头上任意打样冲等，谨防封头上影响画线的精确度。

2. 筒体吊中线的方法

筒体吊中线的方法见表 5-10。

筒体吊中线的方法　　　　　　　　表 5-10

名称	简　图	适用范围	操作要点
双垂线法		直径为 1000～2000mm 的筒体	调整支架，使支架上的水平仪处于水平位置。用两个吊线锤挂在支架的两端，使两个线锤的线与筒体的最大外壁均距5mm(或线与筒壁相切)。再以两个线锤在支架的距离的1/2处，用万能角尺引垂线于筒壁上得点。同理可在筒体的另一侧画出另一个点来。然后两点用粉线弹出，即得中心线
单垂线法		未封装头，有一定刚性的各种直径筒体	用一只线锤挂在筒体的端口，使得 $\stackrel{\frown}{adc}=\stackrel{\frown}{abc}$，得点。另一端同理操作，用粉线将两点连接、弹出，即得到一条中心线
水平角尺法		小直径筒体及大直径钢管	用一把附有水平仪的90°角尺放在筒体外壁，气泡在水平时得一点。然后按同理得另一点，两点用粉线弹出一条中心线

续上表

名称	简 图	适用范围	操作要点
水位法		大直径筒体及各种大型的安装定位	用一根两端玻璃管且放水的塑料软管,将b端玻璃管固定在左侧,另一端玻璃管移到右侧得d点,并使$\overset{\frown}{bad}=\overset{\frown}{bcd}$ 作筒体另外一端上的点时,可不必挪动b点的玻璃管,将d点的玻璃管移两处,得出b'和d'点,也使$\overset{\frown}{b'a'd'}=\overset{\frown}{bcd}$

3. 筒体的画线排孔

筒体的画线排孔见表5-11。

筒体的画线排孔方法　　　　　表5-11

名　称	简　图	操作要点
吊中线		用表5-10中的双锤线法先确定筒体纵向基准中心线的位置,画出基准点,在两端基准点间,弹出一条中心线Ⅰ 若弹出的中心线与图样要求的纵向基准中心线有偏差,可采用同方向平移的方法调整
画纵向中心线		以吊出的Ⅰ中心线为基准,以等弧长依次划出Ⅲ线。再以Ⅰ、Ⅲ中心线为基准,同样以等弧长的办法,依次划出Ⅱ、Ⅳ中心线
画环向基准线		先在Ⅰ中心线上确定环向基准的位置于点A,用划规以A为圆心,作出B、C两点;再分别以B、C为圆心,以不同的半径R画弧,得若干交点D、E、F、G。连接A、D、E、F、G各点得曲面上的垂直线。同理可得D'、E'、F'、G'(位于图后)点。再分别以Ⅳ和Ⅱ两个中心的G点和G'点,用同法作出垂直线,即完成环向基准线
排孔		排孔时,图样上管座孔所注的尺寸,一种是标出角度,另一种是注出高度的距离。排孔操作时,环向尺寸是按筒体实际直径,换算对应角的弧长,纵向尺寸则只要从环向基准上量出即可。所以在排孔时按下列公式求出弧长 $\overset{\frown}{L}=0.01745R\alpha$

课题任务

1. 将构件的各个表面＿＿＿＿＿＿在一个平面上的过程就是展开。
2. 作图展开法的三种基本方法:平行线法、＿＿＿＿＿＿和＿＿＿＿＿＿。

3. 按照棱柱体或圆柱体的素线,将棱柱体或圆柱体划分成若干个四边形,然后依次摊平,作出展开图的展开法称为_____法。

4. 放射线法适合于_____的各种锥体,如正圆锥、斜圆锥、棱锥等。

5. _____法是将钣金制品表面分成若干组三角形,然后求出每组三角形的实形,并将它们依次毗连排列,画出展开图。

6. 在钣金展开中,_____,_____,展开图就会越精确;但在实际操作中也越繁琐,所以展开的等分以满足构件要求即可。

7. 在作图纸上将发动机排气管的尾部展开。

8. 将立体的五角星展开到作图纸上。

课题内容

四、钣金展开方法

将构件的各个表面依次摊开在一个平面上的过程就是展开。图5-49为几种基本几何体面的展开,但并非所有的构件都可以完全展开。

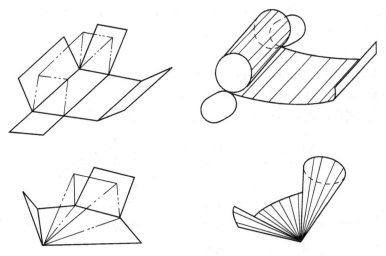

图5-49 基本几何体的展开

形体表面分可展开和不可展开表面两种。凡表面上相邻两条直线(素线)能构成一个平面时(即两条直线平行或相交),均可展开。属于这类表面的有平面立体、柱面、锥面等。凡母线是曲线或相邻两素线是交叉的表面,都是不可展表面,如圆球、圆环、螺旋面及其他不规则的曲面等。对于不可展表面,只能作近似展开。

钣金展开方法大体分为两种,其一是作图展开法,其二是计算展开法。

(一)作图展开法

下面介绍作图展开法的三种基本方法:平行线法、放射线法和三角形法。

1. 平行线法

平行线法适合于素线或棱线互相平行的几何体,如矩形管、圆管等。这种方法是按照棱柱体或圆柱体的素线,将棱柱体或圆柱体划分成若干个四边形,然后依次摊平,作出展

开图。

(1)棱柱体展开实例。图5-50所示为斜截棱柱体的展开实例。展开步骤为：

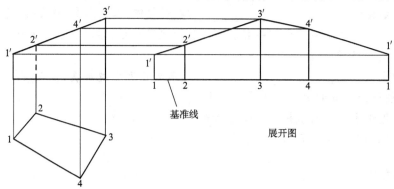

图5-50　斜截棱柱面的展开

①作基准线，并将底面各边长依次按实际长度在基准线上截取各点；
②过基准线上的各点作垂线，并截取相应高度1-1′、2-2′、3-3′、4-4′；
③用直线连接1′2′、2′3′、3′4′、4′1′，即得展开图。

(2)斜截圆柱体展开实例。图5-51所示为斜截圆柱体的展开实例。展开步骤为：

①在俯视图上，将圆周等分(图中为12等分)，并由各等分点向上引垂线，在主视图上得各素线实长；
②作基准线，并按各等分点之间的实际弧长在基准线上截取各等分点；
③过基准线上的各点作垂线，并截取相应高度1-1′、2-2′…12-12′；
④用光滑曲线依次连接1-1′-2′-3′…12′-1′-1各点，即得展开图。

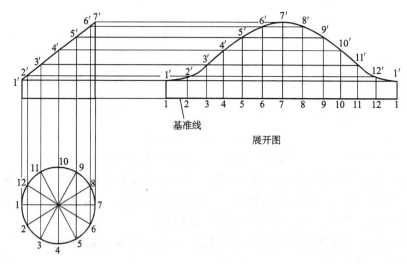

图5-51　斜截圆柱面的展开

(3)简易平行线展开法。在实际生产中，对截头圆柱、等径多节弯头或三通等构件，可用简易平行线展开法进行展开。用辅助圆法作展开图较为简化，图5-52所示为用辅助圆法展开斜截圆柱。用辅助圆法作展开图的具体步骤如下：

①以半径 r 作辅助圆(只需 1/2 圆或 1/4 圆),并将其等分;
②在展开线的长度上作与辅助圆相同的等分;
③利用平行线法求得展开曲线上的各点,用光滑曲线连接各点,即得展开图。

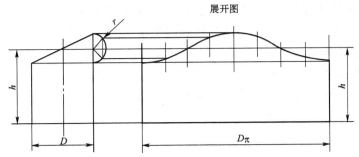

图 5-52　用辅助圆法展开斜截圆柱

2. 放射线法

放射线法适合于具有一个共同锥顶的各种锥体,如正圆锥、斜圆锥、棱锥等。这种方法是通过锥顶按圆锥体或棱锥体的素线方向作一组射线,将圆锥体划分成若干个四边形或带有轴线边的准四边形,然后依次摊平,作出展开图。

图 5-53 所示为斜截正圆锥管展开实例。展开步骤如下:

①将圆锥体延伸得其顶点 O。

②在俯视图上,将圆周等分(图中为 12 等分),并由各等分点向上引垂线,与主视图底面的投影(为一直线)相交得各交点,由这些交点与顶点 O 作各素线,得素线与斜截面的交点 $1'\sim 7'$(注意:$2'$ 与 $12'$、$3'$ 与 $11'$、$4'$ 与 $10'$、$5'$ 与 $9'$、$6'$ 与 $8'$ 重合)。

③以 O 为圆心、圆锥素线长度为半径作圆弧,并取弧段长度为圆锥底圆周长,此弧段的角度为

$$\beta = 360 \times \frac{D}{2L}$$

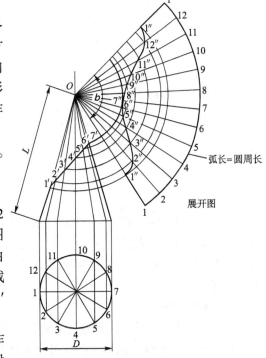

图 5-53　斜截圆锥面的展开

④将弧段分成相同的等份,并由这些等分点与 O 点作射线。

⑤以 O 为圆心,O 到 $1'\sim 12'$ 之间的距离为半径作圆弧,得其与各射线的交点 $1''$、$2''$ … $12''$、$1''$。

⑥用光滑曲线依次连接 $1''\sim 1''$ 各点,即得展开图。

3. 三角形法

三角形法是将钣金制品表面分成若干组三角形,然后求出每组三角形的实形,并将它

们依次毗连排列,画出展开图。当制件表面既无平行的素线或棱线,不能用平行线法展开,又无集中所有素线或棱线的顶点,不能用放射线法展开时,才用三角形法作表面展开图。

图5-54所示为凸五角星表面的展开实例,只需展开三角形O12即可,展开步骤如下:

①先求出三个边的实长。O1、O2的实长在主视图上反映出,分别为O'1'、O'6',12的实长在俯视图上反映出为12。

②作三角形O″1″2″使边长O″1″ = O'1';O″2″ = O'6',1″2″ = 12。

③将这些三角形按公共边相邻排列,即得展开图。

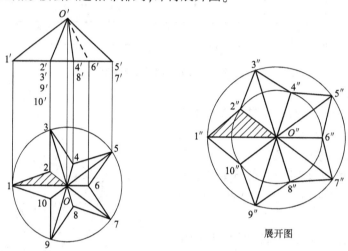

图5-54 凸五角星表面的展开

(二)计算展开法

对于形状简单的构件,受放样台或场地的限制,不能方便地得到构件的展开图形时,可采用计算展开,先求展开图尺寸,后作放样图。计算展开比作图展开的准确性高,还能检验作图展开的结果。计算法可通过理论计算进行展开放样,也可通过电子计算机进行放样计算。

1.放样计算法

(1)放样计算法是经过理论计算进行放样展开的,比用作图法所得到的展开精度要准确。理论上只要能够作图展开的构件便可通过建立数学模型而计算得到。用计算法来展开放样不受场地等条件约束,特别是在大型构件上效率较为显著。

(2)计算展开的步骤如下:

①绘出必要的制件视图,甚至可以徒手画出;

②将制件的断面作若干等分,等分点越多则展开图制作得越准确;

③由等分点向相关视图引素线至结合线上,如为相贯体还需大致求出相贯结合线;

④绘制出放样草图,并标注待以计算的各线代号;

⑤把等分点折算成角度,即可按计算公式依次进行计算,但计算完后需要进行校验;

⑥把计算的结果按照放样图直接展开在钢板上。

(3)进行钣金展开计算,要求放样者具备有一定的三角函数应用知识、一定的绘图水平和一定的钣金展开经验。

2.电子计算机算法

随着计算机技术的发展,许多企业都配有中、小型电子计算机并应用于实际工作中。应用电子计算机来计算各种钣金制品的展开图的尺寸,使得一些复杂构件的展开计算只要花几秒钟便可完成。

电子计算机算法展开步骤:
①分析构件视图和要求,确定断面的等分数;
②上机编写程序,输入已知条件;
③计算机运算操作并打印运算结果;
④绘制展开放样草图,并标注计算出的各线尺寸;
⑤按放样图尺寸在钢板上直接展开。

(三)钣金展开中的等分

在钣金展开中,不论是放样计算法、电子计算机计算法,还是作图展开法,都会遇到展开中的等分问题。毫无疑问,等分越细,等分点越多,展开图就会越精确;但相应地在实际操作中也就越繁琐,所以展开的等分应以满足构件要求即可。表5-12中的数据可供参考。

钣金展开的等分数　　　　　　　　　表5-12

展开件半径(mm)	等 分 数	展开件半径(mm)	等 分 数
50以内	8	400~650	32
50~150	12	650~1000	48
150~250	16	1000~2000	64
250~400	24	2000以上	96

1. _____ 是根据图样的形状和尺寸,用基本的作图方法,在放样台上、工件上或样板上放样。
2. 放样顺序:先画_____线,后画圆弧或圆周,最后画_____,完成大的轮廓线。
3. 放样时的坯料尺寸由零件的_____、工艺变量(伸长或收缩量)及_____三部分所组成。
4. 请将排气消声器放样在一张硬纸板上。

五、放样

(一) 实尺放样

实尺放样是根据图样的形状和尺寸,用基本的作图方法,在放样台上、工件上或样板上放样。对放样的要求是认真仔细。

1.实尺放样的基准选择

选择放样基准通常与设计基准的选择是一致的,详见表5-13所列。

放样基准的选择 表5-13

序号	基准位置	简图
1	以两个互相垂直的平面为基准	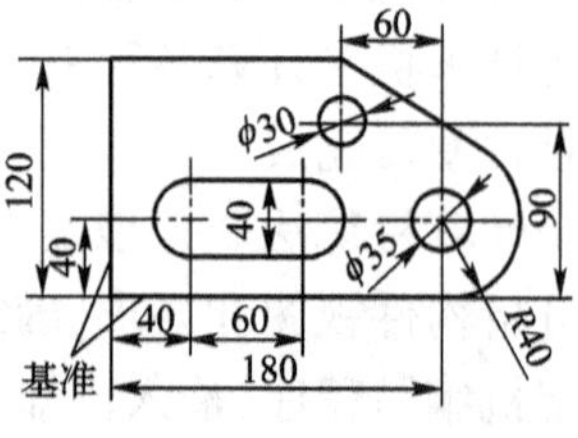
2	以两条相互垂直的中心线为基准	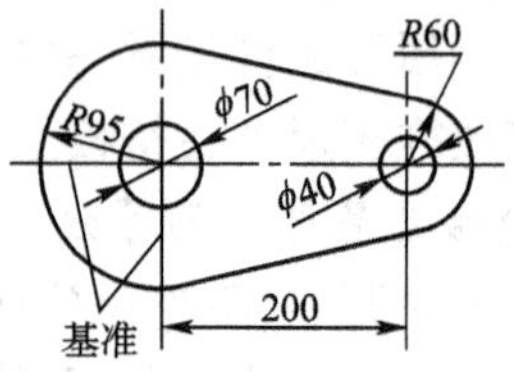
3	以一个平面和一条中心线为基准	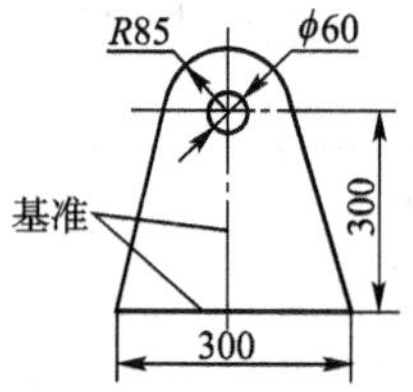

2. 放样的程序

(1) 放样前的准备：

① 准备好画线放样所需的工具等物。

② 看清、看懂图样，要分析好结构设计是否合理，工艺性如何。

(2) 放样顺序：先画基准线，后画圆弧或圆周，最后画所有直线，完成大的轮廓线。

(3) 检查校核所放图样是否符合设计图样的形状和尺寸；是否留有应留的工艺或加工余量；对矩形类的工件，还要检查对角线长度的一致性。

(二) 放样尺寸的确定

放样时的坯料尺寸由零件的展开尺寸、工艺变量（伸长或收缩量）及加工余量三部分所组成。其确定方法可参见表5-14。

确定坯料放样尺寸的方法 表5-14

方法	说明	适用范围
展开法	按钣金工展开方法将工件表面展开	单向压（拉）延变形或比较均衡的双向压（拉）变形零件
计算法	按展开原理或压（拉）延变形前后面积不变的原则推导出计算公式	
试验法	通过试验决定形状较复杂零件的坯料	存在双向压（拉）延变形的零件
综合法	对于计算过于复杂的零件，可对不同部位分别采用展开法和计算法，有时还需同时用试验法来配合验证	

1. 筒节

(1) 卷制筒节的周长,其计算公式为:
$$l = K_\pi(D_n + S) + 2\Delta$$

式中:D_n——筒节的直径(mm);
l——筒节的周长(mm);
K_π——修正系数(见表5-15);
S——工艺变量(伸长或收缩量);
Δ——边缘加工余量(见表5-16)。

K_π 值　　　　　　　表5-15

材　料	冷　卷		热　卷
	三辊	四辊	
低碳钢及奥氏体不锈钢	3.14	3.137 ~ 3.14	3.12 ~ 3.129
低合金钢及合金钢	3.14		

(2) 环缝加工余量:薄壁筒节每端余量见表5-16。厚壁筒节的端部错位矫正困难,所以每端应放出7 ~ 18mm。

边缘加工余量 Δ (mm)　　　　　　表5-16

不　加　工	机　械　加　工		需去除下料热影响区
	板厚≤25	板厚>25	
0	3	5	>5

2. 90°压制弯头(图5-55)

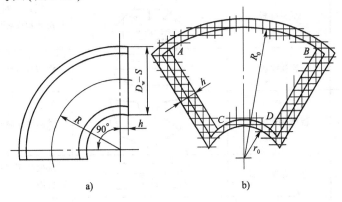

图5-55　90°压制弯头

可用试验法确定坯料尺寸,其步骤为:

(1) 以半径 r_0 及 R_0 画同心圆。

$$r_0 = R - \frac{1}{2}(D_w - S)$$

$$R_0 = R_0 + \frac{\pi}{2}(D_w - S)$$

$$\approx R + 1.07(D_w - S)$$

(2) 取 CD 等于弯头内侧展开弧长；取 AB 等于弯头外侧弧头，且放15%压制收缩量，即

$$CD = \frac{\pi}{2}\left[R - \frac{1}{2}(D_w - S)\right]$$

$$AB = 1.15\frac{\pi}{2}\left[R + \frac{1}{2}(D_w - S)\right]$$

(3) 沿着圆弧两端作切线，放出弯头直段的长度。
(4) 周边再放 15~35mm 余量作下料线。
(5) 划出等距坐标线，并将坯料线附近的交点打上样冲眼和钢印编号。
(6) 下料试压（样冲眼标记在外壁），测量工件尺寸，画修正线并依据坐标线修正坯料的尺寸。

(三) 样板的制作

1. 样板选用的材料

(1) 样板的材料，一般用 0.25~2mm 的薄钢板。但当下料数量不多、精度要求不高时，可用硬纸片、油毛毡、胶合板、塑料片等。
(2) 样杆的材料，制作样杆可选用型钢或木条，但木条必须干燥。

2. 样板的种类

样板的种类见表5-17。

样 板 的 种 类　　　　表5-17

种 类	名 称	简 图	用 途
号料样板和样杆	板材样板		供板材下料用，制出的零件开头尺寸与样板相同
	型材样板		供型材下料、号孔、画端线用
号料样板和样杆	板材展开样板		供构件的展开下料使用
	型材展开样板		供型材切口的展开后及下料画缺口用
	型材样杆		供型材下料和排孔用
定位样板	斜度样板		装配用，为确定零件间的相对斜度而用的样板

续上表

种类	名称	简图	用途
检查样板	弯曲零件样板		按样板来检验零件的质量
	卷圆零件样板		按样板来检验零件的质量

3.样板尺寸的确定

(1)焊接结构件的样板。

这种样板要考虑焊接结构件的收缩余量,参见表5-18。

焊缝横、纵向收缩近似值(mm/m)　　　　表5-18

接头类型	焊缝方向　板厚	横 向							纵 向
		5	8	10	12	14	16	20	24	
对接焊缝		1.3	1.4	1.6	1.8	1.9	2.1	2.6	3.1	0.15~0.3
		1.2	1.3	1.4	1.6	1.7	1.9	2.4	2.8	
连续角焊缝		1.6	1.8	2.0	2.1	2.3	2.5	3.0	3.5	0.2~0.4
断续角焊缝		0.8	0.8	0.8	0.7	0.7	0.6	0.6	0.4	
		0.4	0.3	0.25	0.2	0.2	0.2	0.2	0.2	0~0.1

(2)弯管下料的样板。

制作此类样板时要按中性层计算,但要考虑减去弯头的伸长量,具体数值参见表5-19。

管子弯头伸长量　　　　表5-19

管子直径(mm)		16~18	25~30	35~42	51~89	108	133	159
伸长量	α	180°	180°	180°	10°	10°	10°	10°
	(mm)	5	8~9	9~10	0.8~1.3	1.3~1.5	1.5~1.7	2.0~2.3

(四)合理用料

1. 材料利用率

材料利用率的计算公式为：

$$\eta = \frac{nA_1}{A} \times 100\%$$

式中：η——材料利用率(%)；

n——板料上的零件数(件)；

A_1——单个零件的面积(mm^2)；

A——所用板料的面积(mm^2)。

计算材料利用率可用体积比，还可用质量比，但用面积比最简单。上式中的"nA_1"可解释为板料上所有零件面积之总和。

2. 合理用料的方法

材料经合理编套，可减少消耗，提高其利用率。如图5-56所示，若按b)的方案，可排出6个零件；但按c)的方案，则可排套出9个零件。

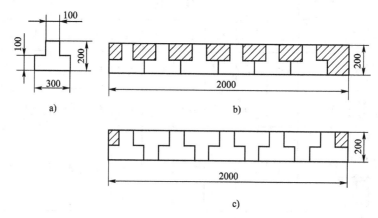

图5-56 合理用料示例

(1) 钢板的套料：

①集中下料法。如图5-57所示，采用这样的套料方式是将同一材质和同一厚度的零件集中在一起，统筹安排，大小搭配，充分利用边角料，从而提高了材料的利用率。

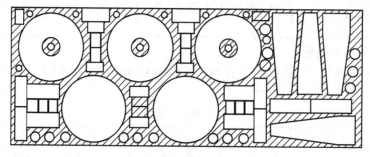

图5-57 集中下料法

实际工作中常会遇到不论如何优化套料，总会有一些边角空余的情况。如果这时的材料质量性能较高，可以将并非同一材质，但材质性能要求较低的零件编套在内（但切忌"以高代低"），也有助于提高材料的利用率。

②排料套料法。按零件的形状可采用直排、对排、单排、斜排、多排等方式，以提高材料的利用率。如图 5-58 所示，这个 90°角弯头是由四节焊管组成的，每节焊管都可以展开。排料时，如果仅按零件图给定的展开形式，就会出现如图 5-58b) 中的方案。但只要领会了设计意图，每节管的焊缝位置错开，则会得到如图 5-58c) 中的套料方式，情况就会好多了。

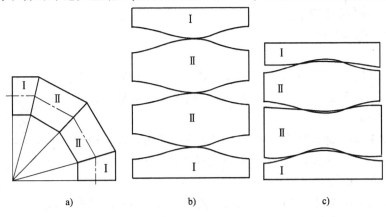

图 5-58　排料套料法

③零料拼整法。

在实际生产中，为了提高材料利用率，在工艺许可的条件下，可采用以小拼整的结构，如图 5-59 所示。这样也可较大地提高材料的利用率。

（2）型材的套料方法：

型材的套料相对简单得多，采用的是长短搭配法，通常是先下尺寸较长的料，然后下较短的料，经严格计算，使余料最短。

（3）套料的注意事项：

套料应选择经济合理的排样方式，但必须注意，编排时要考虑加工方式，如剪切的排样要满足工艺性要求。只有综合考虑周全，才能达到合理用料。

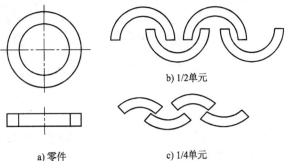

图 5-59　零料拼整法

课题三　制作洒水壶

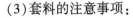

根据"洒水壶制作过程"内容，通过综合理解"手工操作知识准备"，在有条件的情况模仿制作一个"洒水壶"样品。

课题内容

一、手工操作知识准备

利用简单的工具手工作业,将薄板或其他型材成型为合格零件是钣金工作的重要作业内容之一。汽车上许多钣金零件的加工离不开这些简单的手工工艺。手工成型的主要内容是板料成型,包括卷边、咬缝、弯曲、矫(校)正、拱曲、收边与放边等多项工序。这里简要介绍几项工序的操作方法。

(一)薄板手工弯曲

1. 手工折弯

如图5-60所示,将画好线的板坯放在规铁2上,使折弯线对准规铁棱边,上边压一直角垫铁1,再用木锤或木方尺敲击,使薄板按照规铁的角度折弯。

2. 手工弯曲

(1)卷圆柱面与椭圆柱面。如图5-61所示,将坯料放在槽钢或工字钢上敲击[图5-61a)],然后套在直径略小的圆棒上,用木制方尺(抽条)校圆[图5-61c)]。

(2)卷圆锥面。如图5-61b)、c)所示,先按扇形坯料所画等分角固定两根直径相同的圆棒,将坯料置于棒上锤击而成。锤击过程中,随时进行样板检查,最后套在直径略小的圆棒上矫正。

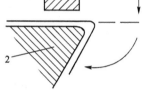

图5-60 手工折弯

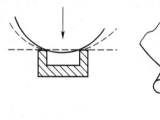 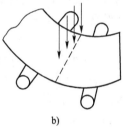 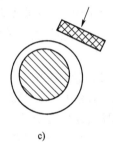

a)   b)   c)

图5-61 手工弯曲柱面

(二)手工咬缝

咬缝是将薄板的边缘相互折转扣合压紧的连接方法。咬缝不需要特殊的设备,工具简单,操作方便,成型美观,不需加热,工件不会变形。咬缝连接牢固,尤其在材料不便于焊接的场合,可代替焊接工艺。

几种常见咬缝形式的操作步骤见表5-20。

常见咬缝形式的操作步骤　　　　　　　　表5-20

平缝单扣	a) 对弯折线	b) 折直角	c) 翻面折30°	d) 衬垫1轻锤合

续上表

平缝单扣	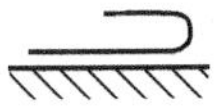 e) 去衬 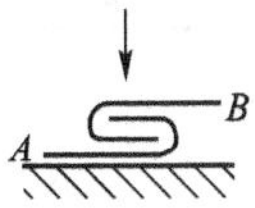	f) 扣合 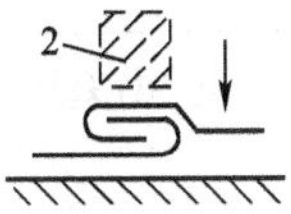	g) 手压压铁锤下陷 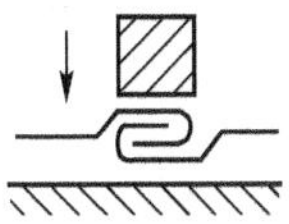	h) 翻面锤下陷
立缝双扣	a)~d) A件全同a~d	i) 对第二弯曲线	j) 折直角	k) 去衬
	l) 弯B件	m) 扣合AB在规铁2上锤弯		n) 锤实
匹茨堡扣	p) 对弯曲线	b)~d) 全同b~d		q) 轻拍直角
	r) 轻拍约60°角	s) 轻拍平后，去衬制成袋扣	t) 扣合锤实	u) 锤实A板边缘

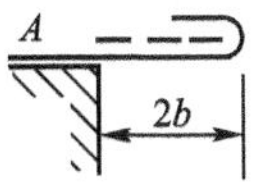

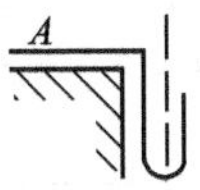

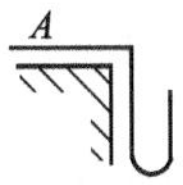

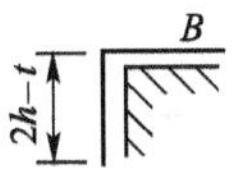

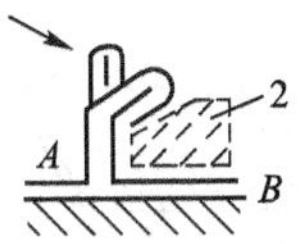

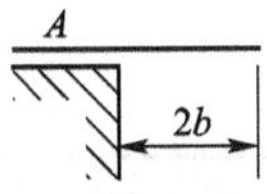

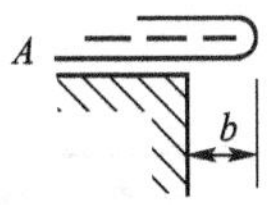

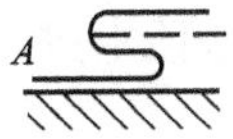

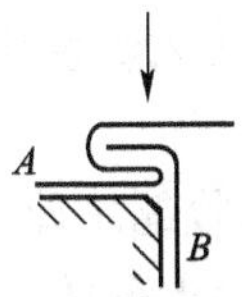

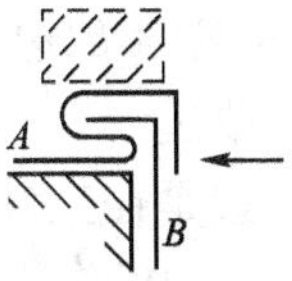

(三) 手工卷边

将薄板边缘翻转，以加强薄板制件的强度与刚度的一种操作方式称为卷边。常见卷边种类及操作步骤见表 5-21。

(四) 放边与收边

1. 放边

放边是使工件单边延伸变薄而弯曲成型的方法。放边有打薄放边、拉薄放边、型胎放边等。

(1) 打薄放边。如图 5-62 所示，将角钢一翼放在方铁上，使其内侧与方铁可靠贴合，用较软的錾口锤(如铝锤)对弯曲部锤击。锤击时，錾口稍外倾，锤痕长约 3/4 翼宽，并呈放射状分布；边锤击边用样板检查。如果加工硬化严重，还需退火后再锤击，直至将坯料锤放成曲线弯曲边的零件。

卷边种类与手工卷边操作步骤　　　　表 5-21

卷边种类	卷边步骤					
a) 夹丝卷边； b) 空心卷边； c) 单叠卷边； d) 双叠卷边	计算简图	夹心铁丝取 $d=(4\sim6)t$ $270°$　$L_1=d/2$ L_1　L_3　L_0 L_2 L e)	(2) 对线折弯	A $85°\sim90°$ g)	(5) 翻面拍圆	j)
	公式	下料长度 $L=L_0+L_2=2d+5t+L_0$ 卷边余量 $L_2=2d+5t$ 折弯长度 $L_1=(d/2)-t$	(3) 边伸边弯	h)	(6) 穿丝扣合	k)
	(1) 画两条线	A　B L_1 L_2 f) A——折弯线； B——卷弯线	(4) 到卷弯线止	B i)	(7) 锤紧接口	l)

(2) 拉薄放边。将要放的一边置于厚橡木或木墩上锤放。锤击时,锤痕两侧的材料对受击部位有拉伸作用,因而零件被击表面较为光滑,但成型速度较低。为避免拉裂,可交替进行放边和弯曲。

(3) 型胎放边。将坯料放入型胎中通过锤击顶木进行展开放边。

2. 收边

收边是使工件单边起皱收缩增厚而弯曲成型的方法。

收边的操作:用起皱钳(尖头钳)使要收的部位起皱,皱纹要均匀、致密;如坯料较厚,应放在硬木上用錾口锤錾出皱纹,然后在规铁上用木拍板或硬橡胶板将皱纹打平,如图 5-63 所示。

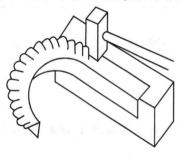

图 5-62　放边

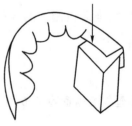

图 5-63　收边

(五) 拔缘(手工翻边)

利用收边与放边的方法使坯料边缘弯出凸缘,以增加零件的刚度并减轻重量或用于连接,称为拔缘。拔缘的操作方法有自由拔缘和型胎拔缘两种。

1. 自由拔缘

用錾口锤、木锤在方铁或圆铁上进行。外拔缘用收边的方法使弯边(凸缘)变厚;内拔缘用放边的方法使内孔的弯边(凸缘)变薄。如果凸缘较高,可进行多次的收或放,其收放顺序见图5-64,其中a)为内拔缘,b)为外拔缘。

◇小提示:拔缘锤击时,力量要匀,点要密。如果出现裂纹,应剪去修光后再操作。必要时可退火处理以消除加工硬化。

2. 型胎拔缘

一般情况下,型胎拔缘前要将坯料加热到750~780℃,加热面积略大于边缘宽度,然后将坯料固定于型胎上收放,一次就能成型。

(六)手工拱曲

利用顶杆或胎模将平板坯件中部锤放延展、外缘起皱收边,形成双向弯曲曲面的操作称为拱曲操作。拱曲过程中,零件的外缘壁厚增大,中部减薄,连续变化。

1. 顶杆拱曲

可直接成型零件,也可以作为其他拱曲的后续工序,比如胎模拱曲成型到无法用手锤继续时,须套在顶杆上继续进行。大直径拱曲件在顶杆上对外缘收边可节省大的型胎,并可在顶杆上进行矫正和修光外表面。操作时先将板料边缘用起皱钳做出皱褶,再在顶杆上将皱褶拍平(图5-65),使板料向内弯曲,同时轻轻而均匀地用木锤敲击中部,使中部延展拱起,拱曲时应不断转动坯料。如此反复进行几次,拱曲到达图样要求即可(注意:应计入回弹量)。最后的工序是切边、修边及在顶杆上将工件修光。必要时,还要在拱曲中间退火以消除硬化。为防止产生裂纹,拱曲前的坯料一般也要作退火处理。

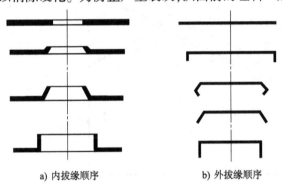

a) 内拔缘顺序   b) 外拔缘顺序

图5-64 薄板拔缘顺序

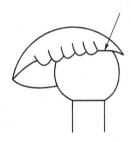

图5-65 顶杆拱曲

2. 胎模拱曲

如图5-66所示,将坯料压紧在胎模1上,用木锤从模腔的边缘开始逐渐向中收部位锤击,使坯料2下凹,直到全部贴合模腔。拱曲变形量较大时,应分几次进行,每次一个模具,如图中虚线所示。拱曲过程中,可垫橡皮、砂袋、软木来使坯料伸展,这样不仅伸展较快,而且拱曲后的零件表面平滑。胎模拱曲适于尺寸较大、深度较浅的零件制作。

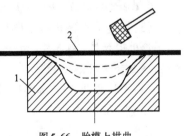

图5-66 胎模上拱曲

二、洒水壶制作过程

1. 绘草图

绘制出预制作的洒水壶的草图,如图5-67所示,其主要尺寸已经标在图上。

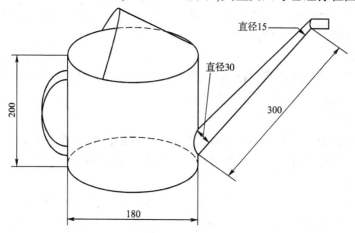

图5-67 洒水壶的草图样品(尺寸单位:mm)

2. 绘制展开图与放样

(1)用钢直尺量取作为洒水壶壶身的长方形,并用画针画出轮廓线(图5-68)。

◇小提示:长方形的四周要按图注的尺寸分别增加10mm,作为卷边和咬缝材料。

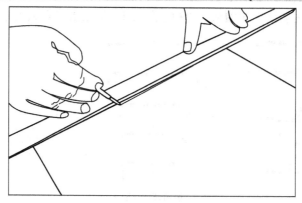

图5-68 用钢直尺和画针对壶身放样

(2)用画规,定位找圆心,并画出壶底圆(图5-69)。

◇小提示:底圆同样要按图注的半径尺寸增加10mm,作为拨缘材料。

(3)用地规在薄钢板上画出壶嘴的展开图,如图5-70所示。

◇小提示:在画壶嘴(为一大一小两端)的展开图之前,需先计算出地规圆心到壶嘴大端的半径和地规画线的夹角。

(4)再将壶柄、壶盖等展开图画在薄钢板上,即完成展开和放样的工作,如图5-71所示。

3. 切割板材

用钣金大剪或气动剪刀将放样板剪切成加工样板,如图5-72所示。

‖项目五 手工制作简单的成型作品‖

图 5-69 用画规对壶底圆进行放样

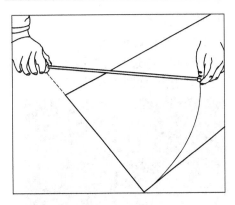

图 5-70 用地规对壶嘴进行放样

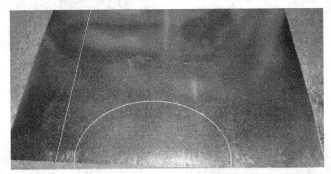

图 5-71 壶柄与壶盖的放样

a) 用大力剪切割样板

b) 剪切出的壶身样板

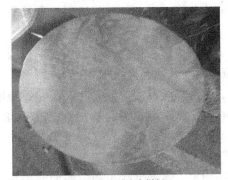

c) 剪切出的壶底样板

d) 剪切出的壶嘴样板

图 5-72 切割板材

4. 加工过程

(1)壶身与壶底的加工。

①壶身圆柱卷边与咬缝预加工。用钣金锤将圆柱的上边缘卷边(图5-73),将圆柱侧面预咬缝处折角,如图5-74所示。

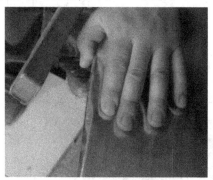

图5-73 用钣金锤卷边

图5-74 咬缝处拆角

②弯曲与咬缝。手工弯曲圆柱体(图5-75),将咬缝处搭接成图5-76所示,再用钣金锤敲打牢固如图5-77所示。

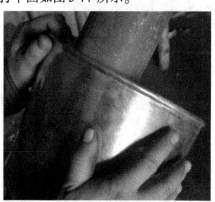

图5-75 手工弯曲壶身

图5-76 手工搭接咬缝处

图5-77 用钣金锤敲牢咬缝连接

③放边并确认周长。咬缝使圆柱体成型后,将圆柱下方边缘放边如图5-78所示,然后用钢卷尺测量确认圆体直径(图5-79),以利于下一步底圆的加工。

④壶底部圆板拔缘。将底圆样板放在一根圆柱形钢管上,用钣金锤对其边缘拔缘,如图5-80所示。

⑤连接。将已经经过放边的圆柱底端和拔缘的底圆板靠接,并用钣金锤将接头翻卷扣缝,如图5-81所示。扣缝成型如图5-82所示。

(2)壶嘴的加工。

①咬缝预加工。将壶嘴样板预咬缝的两侧垫衬折角(图5-83)。

图 5-78　用钣金锤对壶身下边缘放边

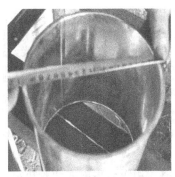
图 5-79　用钢卷尺确认底圆直径

a) 用钣金锤进行拔缘操作

b) 拔缘后的壶底圆样板

图 5-80　壶底部圆拔缘

a) 在圆柱管座上完成翻卷扣缝连接

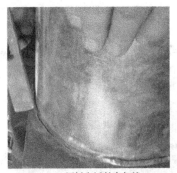
b) 用钣金锤敲牢扣缝

图 5-81　扣缝连接

图 5-82　壶底扣缝连接成型

图 5-83　垫衬折角

②弯曲并咬缝。用一根小管做模,手工或软锤弯曲成型并咬缝,如图5-84所示。

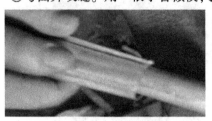 

图5-84　弯曲壶嘴并咬缝成型

③修整。用钣金大剪或切割机将壶嘴的两头修整(图5-85),使其成为斜面,以便与壶身和小嘴的结合。

a) 用钣金大剪修整壶嘴　　　　　　b) 用切割机修整壶嘴小头

图5-85　修整壶嘴

④定位与放边。将壶嘴大头靠在壶身一侧,用画针画出出水孔位置(图5-86),再将大头放边以利于跟壶身的结合。

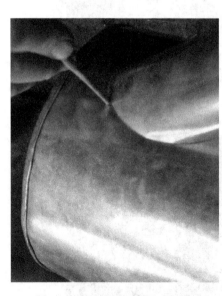

图5-86　用画针定位壶身出水口位置

(3)壶柄的加工。

①卷边参照上述方法进行。

②弯曲与修整。手工弯曲成耳朵状(图5-87),然后用软锤进行修整,使其形状流畅,如果过长还可以剪掉。式样如图5-88所示。

(4)壶盖的加工。

①卷边与放边。对接合线要进行放边操作,非接合面进行卷边操作。

②然后采用顶杆拱曲的方法将其供曲成型,见前面图5-65。

(5)连接成型。

①铆接壶柄。

②焊接壶嘴和壶盖。

③最终成为如图5-89所示的成型作品。

||项目五　手工制作简单的成型作品||

图5-87　手工弯曲壶柄

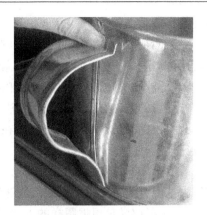

图5-88　壶柄成型

图5-89　洒水壶的成型作品

5.成品的检验

①检验所有接缝处的咬缝情况,是否有裂缝,是否牢固,有问题及时咬牢。

②检查所有卷边位置和壶嘴,是否卷边良好,是否存在锐利角料,有则及时修整平滑。

③检查铆接情况,清理焊渣并检查焊接质量。

6.收拾与整理

清洁、收拾工具、设备和材料,清扫场地,做好5S的现场管理作业。

项 目 小 结

1.汽车钣金工常用量具的品种很多,如钢直尺、钢卷尺、游标卡尺、角尺、量角器、卡钳尺等。

2.钣金工常用工具有锤、顶铁、凿子等手工工具,画线工具,风动工具,电动工具和起重工具等。

3.钣金工在制造加工中常用各种机械设备,有压力机、剪板机、弯曲校正机和带锯床等。

4.零件(机件)在投影面上投影所得的图形叫做视图。视图主要有主视图、俯视图和左视图。

5. 三面视图(三视图)的三条规律为：主、俯视图"长对正"，俯、左视图"宽相等"，主、左视图"高平齐"，通常也称作"三等规律"。它是制图和看图的基础。

6. 钣金图线通常用到粗实线、细实线、波浪线、双折线、虚线、点画线等线型。

7. 画线的方法有实样法和比例法两种。工序间画线主要采用实样法。

8. 将构件的各个表面依次摊开在一个平面上的过程就是展开，但并非所有的构件都可以完全展开。

9. 钣金展开方法大体分为两种，其一是作图展开法，其二是计算展开法。作图展开法有三种基本方法：平行线法、放射线法和三角形法。

10. 实尺放样是根据图样的形状和尺寸，用基本的作图方法，在放样台上、工件上或样板上放样。

11. 放样顺序：先画基准线，后画圆弧或圆周，最后画所有直线，完成大的轮廓线。

12. 样板一般用 0.25～2mm 的薄钢板，也可用硬纸片、油毛毡、胶合板、塑料片等材料；样杆的材料可选用型钢或木条，但木条必须干燥。

13. 材料经合理套料，可减少消耗，提高其利用率。钢板可用集中套料法、排料套料法、零料拼整法套料；型材则采用长短搭配法套料。

14. 手工成型作品的主要内容是板料成型，操作工艺有弯曲、拱曲、矫(校)正、收边与放边、拔缘、卷边、咬缝等工序。

15. 制作洒水壶主要通过样图与工艺设计，绘制展开图并放样，切割板材，并综合运用弯曲、拱曲、矫(校)正、收边与放边、拔缘、卷边、咬缝等操作工艺完成。

练习题

一、填空题

1. 游标卡尺可以用来测量工件的内、外径，也可以用来测量_____，还可用脚尖作少量的画线。

2. 剪板机按工作性质可分为_____和剪曲线两大类。

3. 钣金图样一般标注有尺寸，有些零件的尺寸没有标注，只有等到_____才能确定。

4. 从正面看到的视图叫做____视图，在零件的左侧向右观察画出的图，称为_____视图。

5. 在零件图中，不可见轮廓线用_____线表示。

6. 为了保证展开、放样时画线的准确性，所用的工具、_____须定期检验校正。

7. 放样的顺序是：先画_____线，后画圆弧或圆周，最后画_____，完成大的轮廓线。

8. 钣金展开方法大体分为两种，其一是_____，其二是计算展开法。

二、选择题

1. 用来测量、检验工件垂直度，还可以用来画垂线的工具是(　　)。

　　A. 高度游标卡尺　　　　　　B. 90°角尺　　　　　　C. 万能角尺

2.(　　)可用来对金属铸件、零部件进行清理、去毛刺,可对焊缝进行打磨、抛光、砂光。

　　A.电动扳手　　　　　　B.电动割管机　　　　　C.角向磨光机

3.在水平面上往下看,所画出的视图叫做(　　)。

　　A.俯视图　　　　　　　B.仰视图　　　　　　　C.主视图

4.用一把附有水平仪的90°角尺放在筒体外壁,气泡在水平时得一点。然后按同理得另一点,两点用粉线弹出一条中心线。这种吊中线法叫(　　)。

　　A.双垂线法　　　　　　B.水位法　　　　　　　C.水平角尺法

5.制作样杆可选用型钢或木条,但木条必须(　　)。

　　A.湿润　　　　　　　　B.干燥　　　　　　　　C.坚硬

三、判断题

1.扁凿用于凿切工件的毛刺、尖棱、凿削平面和凿断薄的板料。（　　）

2.狭凿用于开孔和挑焊根等凿削加工。（　　）

3.画规运用的就是圆规的原理。（　　）

4.用画针放样时,在金属坯料上画线,画针要向尺外倾斜15°～20°,向画线方向倾斜50°～70°,以保证靠尺画线,防止画出弧线。（　　）

5.型材弯曲机是一种专用于卷弯角钢、槽钢、方钢和圆钢等各种异型钢材的高效加工设备。（　）

6.左视图是指由右向左投影所得的视图。（　　）

四、简答题

1.请归纳出三面视图的"三等规律"。

2.请列举你在实践中可用来制作样板的材料都有哪些?

3.钢板的套料方法有哪些?

五、实践题

请用一张较硬的白纸当样板,根据洒水壶的制作工艺,从展开放样开始,综合套料、收放边、卷边、咬缝等工艺技术,制作一个纸质的洒水壶样品。

提示:综合运用绘图知识进行展开和套料,必要时可以用剪刀、胶水等工具和材料。

项目六 矫正变形的钣金件

 学习目标

完成本项目学习后,你应能:
1. 叙述钣金矫正的方法;
2. 知道平板手工矫正的方法;
3. 知道使用各种简单的钣金修复工具;
4. 分析火焰矫正的原理和操作方法;
5. 正确完成利用手工矫正修复变形的钣金件;
6. 正确完成利用火焰矫正修复变形的钣金件。

 建议课时:36 课时

课题一 钣金变形矫正的常用工具及方法

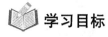 **课题任务**

1. 认识下列气割工具,并将工具名称填写在对应的方框内。

项目六 矫正变形的钣金件

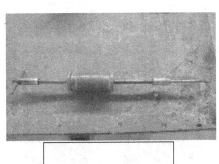

2. 请完成下面填空。

(1) 扁头锤主要用于_____，也可以_____。

(2) 捅锤主要用于_____。

(3) 配用夹紧工具名称及规格(或画出图样)：_____。

(4) 台虎钳为钳工必备工具，常见规格从_____到_____。台虎钳的用途：_____。

(5) 对于_____，无法利用现成的孔洞使用撬杠撬起时，可采用拉拔器进行修理，但是要配合_____使用。

课题内容

一、常用工具

有许多原因会引起钢材变形，是钢材在轧制过程中就已形成的。金属构件在加工中，尤其是在气割、焊接后产生的变形更是多种多样。

在钣金加工过程中，钣金构件的塌陷、扭曲、断裂等现象是常见的。对这些钣金构件以及加工后引起变形的零部件进行修整、复原的工艺称为矫正。

矫正大致可分为常温下矫正和加热后矫正。

1. 工作平台

工作平台是钣金操作的基础件，主要用于在其上平面进行板料画线、下料、敲平及矫正工作。通常钣金工作平台没有确定的尺寸标准,但常用的台面有以下几种规格:600mm×1000mm、800mm×1200mm、1500mm×3000mm。台面高度为650~700mm(有的平台高度可调)。其材料多为铸铁,背面有加强筋。平板固定在支架上便形成工作平台,如图6-1所示。

注意:工作平台表面要求水平光滑,在使用时不允许用锤子直接捶击台面,更不要使其上进行电气焊作业,以防烧伤工作平台表面。

2. 锤子

锤子是汽车钣金维修中的基本工具,其形状很多,作用也不一样。前面项目五中有所介绍,这里再介绍几种。

(1)扁头锤:主要用于敲击平面,也可以敲击较深的凹陷和边缘拐角,如图6-2所示。

(2)捅锤:主要用于直捅敲击弧形构件,也可以横击,还可以当撬具或垫铁使用,如图6-3所示。

图6-1 工作平台

图6-2 扁头锤

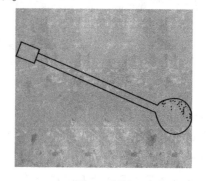

图6-3 捅锤

(3)平头整型锤:主要用于修整箱型角等部位,如图6-4所示。

(4)鹤嘴锤:主要用于消除工件表面的小凹坑,如图6-5所示。

(5)其他形式:如橡胶锤、木锤、铜锤等等,根据锤击需要,锤头可以做成任何形状。

图6-4 平头整型锤

图6-5 鹤嘴锤

(6)顶铁:一种手持铁砧,与锤子配合进行钣金修理作业,如图6-6所示。

3. 台虎钳

台虎钳,又称虎钳,如图6-7所示。台虎钳是用来加持工件的通用夹具。装置在工作台上,用以夹稳加工工件,为钣金车间必备工具。转盘式的钳体可旋转,使工件旋转到合适的工作位置。

台虎钳为钳工必备工具,因为钳工的大部分工作都是在台虎钳上完成的,比如锯、锉、錾以及零件的装配和拆卸。安装在钳工台上,以钳口的宽度为标定规格。常见规格从75mm到300mm。台虎钳的用途:装置在工作台上,用以夹稳加工工件。

图6-6 顶铁

图6-7 台虎钳

4. 拉拔器

对于密封型车身面板的凹陷,无法利用现成的孔洞使用撬杠撬起时,可采用拉拔器进行修理,但是要配合整形机使用。拉拔器(图6-8)顶端呈勾形形式。勾端可以挂在拉环上(或孔洞内),利用套在杆中部的冲击锤向外冲击手柄端面,同时向外拉手柄,可慢慢拉起凹点。

图6-8 拉拔器

二、矫正变形的方法

1. 手工矫正

手工矫正是在平板、铁砧或台虎钳上用锤子等工具,使不合乎形状要求的钣金件达到技术要求所规定的几何形状。常用的手工矫正的方法有:

(1)延展法:主要针对金属薄板中部凹凸而边缘呈波浪形以及翘曲等变形的情形,如图6-9所示。

(2)扭转法:用来矫正条料扭转变形的,如角钢或扁钢扭曲变形。操作时将条料夹持在台虎钳上,用扳手把条料扭转到原来的形状,如图6-10所示。

(3)弯形法:用来矫正各种弯曲的棒料和在宽度方向上弯曲的条料。直径较小的棒料和薄板可夹持在台虎钳上用扳手矫正;较大的板料和较厚的条料,用压力机机械矫正。

(4)伸张法:用来矫正各种细长的线材。将线材一头固定,然后从固定处开始,将弯曲线材绕原木一周,紧捏圆木向后拉,使线材在拉力作用下绕过圆木得到矫直。

a) 中间凹凸

b) 边缘波浪形

c) 对角翘曲

图 6-9　延展法矫正

图 6-10　扭转法矫正

2. 机械矫正

汽车钣金材料的机械矫正是通过矫正机对钢板进行多次反复弯曲,使钢板长短不等的纤维趋向相等,从而达到矫正的目的。

矫正机由一系列轴辊组成,弯曲的钢板通过这些轴辊滚压而得以矫正。常用的矫正机分为上下列轴辊平行矫正机、上列辊倾斜式矫正机和成对导向辊矫正机等,其矫正方法如下:

(1) 在上列辊倾斜的矫正机上进行矫正时,先确定上辊的压下量,再调整上辊的倾斜度,使出口端上、下辊的距离正好是板料的厚度。然后开动矫正机,钢板通过矫正辊后就能得到平整的板料。若仍有不平,可适当调整压下量,再次矫正,直至板料平整为止。

(2) 在上、下辊平行的矫正机上进行矫正时,先调节上辊的压下量和导向辊的位置,使板料通过轴辊时发生反复弯曲而得以矫正。压下量应由小逐渐增大。板料在多次矫正下可获得较高的矫平质量。

汽车钣金板料变形的矫正一般都是在上、下辊平行的矫正机上进行。

矫正薄板时,可将数块薄板叠在一起,或垫加一块厚板一起进行矫正。

3. 火焰矫正

火焰矫正是在工件上进行局部加热的一种矫正方法。

三、基础训练——钣金锤的使用方法

1. 操作工具

(1)钣金锤;

(2)不平整铁板。

2. 操作要求

(1)通过训练掌握钣金锤的使用方法;

(2)使用前擦净锤面及手柄上的油污,以免滑脱伤人;

(3)检查手柄是否松动,以免锤头脱出造成事故。

3. 操作步骤

钣金锤的正确使用方法如图6-11所示。

步骤1:用手轻松握住钣金锤手柄的端部(相当于手柄全长1/4位置)。

注意:握锤时锤柄下面的食指和中指应适当放松;小指和无名指应相对紧一些,使之形成一个比较灵活的转轴。

步骤2:锤击工件时,眼睛注视工件,找准锤击落点。

说明:锤击作业质量的关键在于落点的选

图6-11 钣金锤的正确使用方法

择,一般应遵循"先大后小、先强后弱"的原则,从变形较大处起顺序敲打,保证锤头以平面落在金属表面上。同时还要注意钣金件的结构强度,有序排列钣金锤的落点。

步骤3:用手腕摇动的方法轻轻敲击车身构件表面,并利用钣金锤敲击零件时产生的回弹力做圆圈运动。

课题二　手工矫正钣金件

课题任务

1. 薄板变形主要有:_____。

2. 由于厚板材料的刚性较好,不易产生波纹变形、翘曲变形,有时会产生凸起变形。矫正时可以_____,使金属材料外层纤维_____、内层纤维_____而达到矫平。

3. 薄板四周呈波纹状,这说明板料_____。

4. 薄板发生翘曲的锤击方法:_____。

5. 金属变形的原理是_____。

课题内容

生产中经常遇到板材扭曲、凸起,管材弯曲,型材扭曲、局部变形等现象,产生变形的原因常常是由于受外力作用产生了塑性变形,改变了原来的形状。变形的材料在使用前要进行矫正,也就是通过外力作用消除材料或工件的弯曲、扭曲、凹凸不平等缺陷。其原理是:金属在外力作用下,引起内部组织变化,晶格之间产生滑移,使其产生新的塑性变形来消除原来的不平、不直或翘曲等变形。本文主要介绍钣金中常用的几种手工矫正方法,主要包括:板材变形的矫正方法,型钢变形的矫正方法和棒、轴及线材的变形与矫直方法。

一、板材的矫正方法

金属薄板(厚度小于4mm)和厚板(厚度大于4mm)的矫正方法是不同的。

1. 薄板的矫正方法

薄板变形主要有:中部凸起、边缘呈波浪形变形以及翘曲变形、薄箔类变形。

(1) 薄板中部凸起(图6-12)。它是由于材料变形后中间变薄、金属纤维拉长而引起的。矫正时,可锤击板料的边缘,使边缘金属纤维变长,边缘材料的厚度变薄,与凸起部位的厚度越趋近,则越平整,如图6-12a)所示。锤击方法:锤击时,从外向里应逐渐由重到轻,锤击点由密到稀,直到边缘的材料与中间凸起部分材料一样时,材料就平整了。如果薄板表面有相邻处凸起时,锤击时,应先在凸起的交界处轻轻锤击,使各处凸起合并成一处凸起,然后再用上述方法锤击四周使薄板矫平。

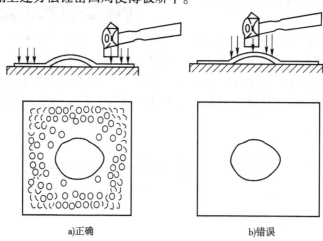

图 6-12 薄板的矫正方法

(2) 薄板四周呈波浪状矫正法。薄板四周呈波纹状,这说明板料四周变薄而伸长了(图6-13)。锤击方法:锤击点应从中间向四周,按图中箭头方向,密度逐渐变稀,力量对比逐渐减小,经反复多次锤击,使板料达到平整。

(3) 薄板发生翘曲(图6-14)的不规则变形矫正法。薄板对角翘曲变形是由于对角线处材料变薄,金属纤维伸长而引起的。锤击方法:锤击点沿没有翘曲的对角线锤击,使其延展而矫平。

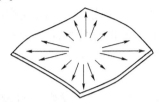
图6-13　四周呈波浪状矫正法

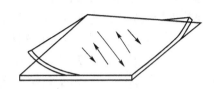
图6-14　薄板翘曲矫正法

2.厚板的矫正方法

由于厚板材料的刚性较好,不易产生波纹变形、翘曲变形,有时会产生凸起变形。矫正时可以直接锤击凸起处,使金属材料外层纤维压缩变形、内层纤维伸长而达到矫平(图6-15)。

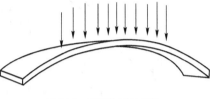
图6-15　厚板的矫正方法

 课题任务

1.扁钢变形有_____和_____两种。
2.扁钢扭曲变形矫正方法_____。
3.由于角钢断面小、长度长,很容易发生_____等形式的变形。
4.角钢无论内弯还是外弯,都可将它的凸起处向上,放在合适的_____上,再锤击_____,使其向_____而矫正。
5.角钢的角变形表现是:角钢夹角大于_____和角钢夹角小于_____。若角钢

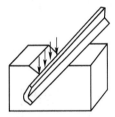
a)
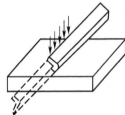
b)
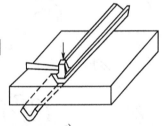
c)

夹角大于_____,可以在V形铁或平台上按图中a)、b)箭头方向锤击后,再修整。若角钢夹角小于_____,可在平台上按图中c)所示方法,按顺序由左至右(或由右至左)锤击,再修整。

 课题内容

二、型钢的矫正

1.扁钢变形矫正

扁钢变形有扭曲和弯曲两种。

(1)扁钢扭曲变形矫正方法。可将扁钢一端用虎钳夹住,另一端用开口扳手或活动扳手夹持扁钢,并向曲的相反方向扭转,待扭曲变形消失后,再用锤击将其矫平。

(2)扁钢弯曲变形矫正方法。产生弯曲变形则说明外侧受拉伸变形,内侧受压缩变形。

当扁钢在厚度方向上弯曲时,应将接近弯曲处夹入台虎钳,然后在扁钢的末端用扳手朝相反方向扳动,使其弯曲处初步扳直,或将扁钢的弯曲处放在台虎钳钳口内,利用台虎钳把它初步压直。如果是挠度较大的拱形弯曲,可直接锤击凸起处,消除明显弯曲后,再放到平板上或铁砧上,用锤子锤打进一步矫正,直到平直为止。

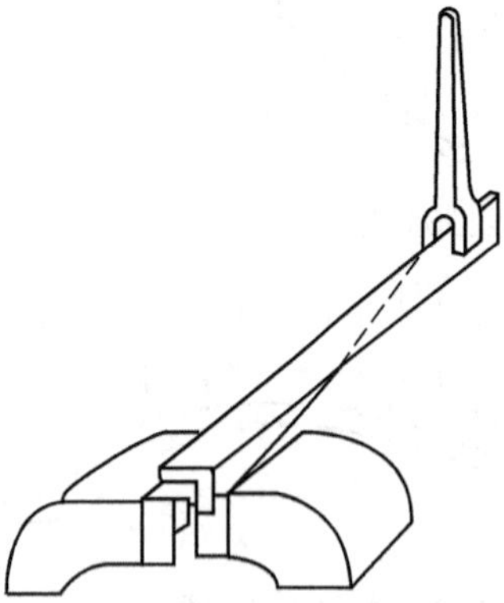

2. 角钢变形矫正

由于角钢断面小、长度长,很容易发生扭曲、外弯、内弯、角变形等形式的变形。

(1)角钢扭曲变形矫正方法。可将角钢的一端用虎钳夹持,再用扳手夹持另一端,并做反向扭转(图 6-16),待变形消除后,再用锤击进行修整矫平。

(2)角钢内弯、外弯变形的矫正方法。角钢无论内弯还是外弯,都可将它的凸起处向上,放在合适的钢圈或砧铁上(图 6-17、图 6-18),再锤击凸起部位,使其向反方向变形而矫正。矫正角钢外弯曲,角钢应放在钢圈上,锤击时为了不使角钢翻转,锤柄稍微抬高或放低 5°左右,并在锤击的一瞬间,除用力外,还稍带向内拉(锤柄后手抬高)或向外推的力(锤柄后手放低),具体视锤击者所站的位置而定。

图 6-16 角钢扭曲变形矫正方法

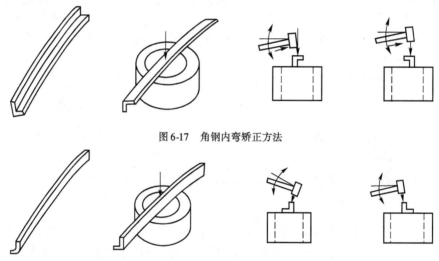

图 6-17 角钢内弯矫正方法

图 6-18 角钢外弯矫正方法

(3)角钢发生角变形的矫正方法。角钢的角变形表现是:角钢夹角大于 90°和角钢夹角小于 90°。若角钢夹角大于 90°,可以在 V 形铁或平台上按图 6-19a)、b)箭头方向锤击后,再修整。若角钢夹角小于 90°,可在平台上按图 6-19c)所示方法,按顺序由左至右(或由右至左)锤击,再修整。

如果角钢同时存在几种变形,应先矫正变形较大的部位,后矫正变形较小的部位。如角钢既有弯曲变形又有扭曲变形,应先矫扭曲变形,然后矫正弯曲变形。

课题任务

1. 棒类和轴类零件的变形主要是_____,一般是用_____的方法矫直。

2. 线材矫直是将蜷曲的线材一端夹持在_____上(或固定在某处),从钳口处的一端开始,把线材在圆木上绕一周,用左手_____,右手_____,线材在力的作用下得到伸长矫直。

3. 金属材料在矫正过程中,由于它的内部组织发生变化,造成金属材料硬度提高,塑性下降,性质变脆,即_____。

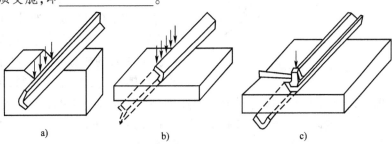

图 6-19　角钢角变形的矫正方法

三、棒类、轴类零件,线材的矫直

1. 棒类、轴类零件矫直方法

棒类和轴类零件的变形主要是弯曲,一般是用锤击的方法矫直。

(1) 直径较小的棒类、轴类零件的矫直。应先检查工件的弯曲程度和弯曲部位,并用粉笔做好记号,然后将凸起部位向上,用手锤连续锤击凸起处,如图 6-20 所示,这样使上层金属受压力而缩短,下层金属受拉力而伸长,则凸起部位逐渐消除,最后再沿棒料全长上轻轻锤击,进一步矫直。对于外形要求较高的棒料、轴类零件,为了避免直接锤击而损坏其表面,可用合适的摔锤置于棒料凸处,然后锤击摔锤的顶部使其矫直,如图 6-21 所示。

(2) 直径较大的棒类、轴类零件的矫直。把轴装在顶尖上,并将轴转动,找出弯曲部位,用粉笔画出弯曲处,然后放在 V 形铁上,用螺旋压力工具矫直。矫直时,应使凸起部位向上,让压力机 V 形压块压在轴的凸起部位上,可适当压过些,以便消除因弹性变形所产生的回弹,并用百分表检查其弯曲情况,边矫直、边检查,直到符合要求为止。

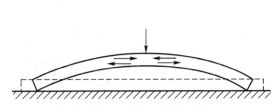

图 6-20　普通棒、轴类矫直方法

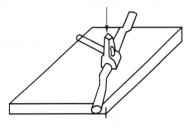

图 6-21　高要求棒、轴类矫直方法

2. 线材矫直

将蜷曲的线材一端夹持在台虎钳上(或固定在某处),从钳口处的一端开始,把线材在圆木上绕一周,用左手握住圆木向后拉,右手展开线材,线材在力的作用下得到伸长矫直,如图6-22所示。

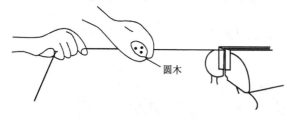

图6-22　线材矫直

金属材料在矫正过程中,由于它的内部组织发生变化,造成金属材料硬度提高,塑性下降,性质变脆,即加工硬化,这给进一步矫正或冷加工带来困难,必要时可进行退火处理(可用气焊火焰进行),使其恢复原来的机械性能。对于变形十分严重或塑性较低的金属材料,可以加热到700℃～1000℃再进行矫正。金属材料的变形原因是多方面的,也是多种形式的,遇到问题需分析其产生变形的内在因素,找出解决问题的最好办法,切忌"头痛医头,脚痛医脚",盲目下锤。手工矫正灵活,投入少,操作方便,在单件、小批量生产及没有专用设备情况下得到普遍应用。

四、基础训练——扁钢扭曲的矫正

1.操作准备工作

(1)平台、台虎钳、呆扳手、锤子;

(2)扭曲扁钢一块。

2.操作要求

(1)按正确操作方法进行;

(2)不能用锤子直接锤击平台;

(3)操作过程注意安全。

3.操作步骤

(1)步骤1:将扁钢夹持在台虎钳上;

(2)步骤2:用呆扳手夹住扁钢的另一端,用力往扁钢扭转的反方向扭转,如图6-23所示;

(3)步骤3:扭曲变形基本消除后,采用锤击法矫正;

(4)步骤4:锤击时,将扁钢倒置,平整部分搁置在平台上,扭转翘曲的部分伸出在平台外,如图6-24所示;

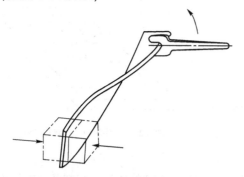

图6-23　用呆扳手反向扭转矫正

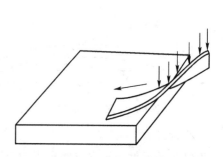

图6-24　伸出平台扭转矫正

(5)步骤5:用锤子敲击稍离平台外向上翘曲的部分,敲击点离平台的距离约为板料厚度的2倍,边敲击边将扁钢向平台移动;

(6)步骤6:翻转180°进行同样的敲击,直至矫正平整为止。

课题三　火焰矫正钣金件

课题任务

1.运用火焰法收放,可以获得比锤击法大得多的收缩、延展量。因此,这种方法更适合_____的变形。

2.火焰矫正是利用金属_____这一性质来达到收缩目标的。

3.火焰矫正的加热源广泛采用温度高、加热速度快、简单方便的_____。

4.火焰矫正的效果主要取决于加热的_____和加热的_____。

5.火焰加热的温度由工作的材料和结构决定。对低碳钢和普通的低合金钢,通常加热到_____℃,不能超过_____℃,以免金属过热。

6.火焰矫正的加热方式主要有_____、_____和_____。

课题内容

一、火焰矫正的原理

运用火焰法收放,可以获得比锤击法大得多的收缩、延展量。因此,这种方法更适合膨胀程度大、拉紧状态严重而且范围面积大的变形。对此,如果应用锤击收放法,不仅难以奏效,而且对构件表面的锤击损伤也会增大。

对需要延展的板类构件,只要在加热和加热后冷却过程中不停地锤击,就可以获得比锤击法大得多的延伸量。这种类似于锻打的作业方式,与锤击法延展相比有异曲同工之处,因为加热使金属的塑性提高、硬度下降,加之锤击力的作用,理所当然地会获得明显的延展效果。用火焰矫正法延展,特别适用于需要较大延展量的厚钢板。

火焰矫正是利用金属热胀冷缩这一性质来达到收缩目标的,如图6-25所示。当利用火焰对钢板迅速加热时,受热点及其周围就会以此为核心向外膨胀,并延伸至一定的范围。距受热点越近,金属的延伸、膨胀量也越大;反之,则延伸、膨胀量越小。由于受热点周围的金属仍然处于冷硬状态下,于是就限制了膨胀的扩展并形成了周向的固定,而加热点的金属很软,所以会有过多金属趋向于加热点,从而引起此点金属垂直扩张变厚,延伸量也为受热点金属的膨胀变厚所代替。

在此状态下,如对受热点及其周围的金属进行轻轻地锻打,垂直方向膨胀的金属就被压缩并固定了下来,材料的应力也因此被消除。如果快速使红热区冷却,受热点及其周围的板料就会收缩,局部表面积将比受热前小一些,金属内部也会伴随着产生拉伸载荷,就可以获得更大的收缩量。由此达到了对板类构件膨胀、隆起的收缩目的。

火焰矫正的加热源广泛采用温度高、加热速度快、简单方便的氧—乙炔焰。

图 6-25　火焰矫正

二、火焰矫正加热位置与方式

1. 加热位置、火焰能率与矫正的关系

火焰矫正的效果主要取决于加热的位置和加热的能率。

不同的加热位置可以矫正不同方向的变形。若位置选择错误,不但不能起到矫正的作用,反而会使变形更加复杂、严重。加热位置通常选择在材料变形量大、纤维拉伸最长的部分,即材料弯曲部分的外侧。

用不同的火焰能率加热,可获得不同的矫正能力。火焰越强,加热速度越快,热量越集中,矫正能力越强,矫正变形越大;反之,则火焰能率不足,加热缓慢,使受热范围扩大,矫正效果差。

火焰加热的温度由工作的材料和结构决定。对低碳钢和普通的低合金钢,通常加热到 600~800℃,不能超过 850℃,以免金属过热。但也不能过低,过低时矫正效率不高。实践中可通过观察钢材颜色变化来判断加热温度。加热中钢材表面的颜色及对应的温度见表 6-1。

钢材表面的颜色及对应的温度(℃)　　表 6-1

颜　色	温　度	颜　色	温　度	颜　色	温　度	颜　色	温　度
深褐红色	550~580	暗樱红色	650~730	樱红色	770~800	亮樱红色	830~900
褐红色	580~650	深樱红色	730~770	淡樱红色	800~830	橘黄色	900~1050

2. 加热方式

(1) 点状加热:加热的区域为一定直径范围的圆圈状点,故称为点状加热。矫正时可根据工件变形情况,加热一点或多点,多点加热常采用梅花式。加热点直径一般不小于 15mm。当变形量大时,加热点距离要小,一般为 50~100mm,如图 6-26a)所示。

(2) 线状加热:加热时火焰沿直线方向移动,也可同时做适当的横向摆动,称为线状加热。加热线的横向收缩一般大于纵向收缩,收缩量随加热宽度的增加而增加。加热线的宽度一般为钢材厚度的 0.5~2 倍。线状加热一般用于变形较大的工件,它有直线加热、链状加热和锯齿加热三种形式,如图 6-26b)所示。

(3)三角形加热:加热区域呈三角形的加热方法称为三角形加热,如图 6-26c)所示。因其加热面积较大,收缩量也较大,并由于沿三角形高度方向的加热宽度不等,收缩量也不等,因而常用于刚度较大的工件矫正。

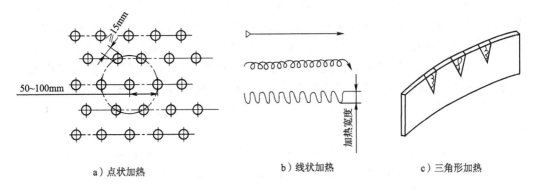

a)点状加热　　　　b)线状加热　　　　c)三角形加热

图 6-26 加热矫正方法

 课题任务

1. 在进行收缩操作之前,必须先确定拉延区域的_____或_____。
2. 在被加热的金属退去红色而变为_____之前,应尽可能快地完成修复工作。
3. 火焰法加热对同一点最好是一次性的,操作中应注意加热点直径应控制在_____mm 范围内,焰炬应与金属保持一定距离,焰心到金属的距离应稳定控制在_____mm,以免金属过热或烧出孔。

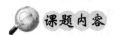 课题内容

三、火焰矫正的步骤

在进行收缩操作之前,必须先确定拉延区域的中心或最高点。然后按金属板的厚度选择合适的氧—乙炔焊嘴,点火后将其调整成中性焰,缓慢加热收缩区最高点直至樱桃红色。此时去掉加热火焰用修平锤快速、准确地敲击拱起区域,使此点凹陷下来。

完成上述粗略整形后,应用钣金顶铁或修平刀直接插入到加热区域的下方;并施加轻微的压力顶住板件,在板件的上部用钣金锤敲平加热点区域及其周围皱褶和波峰。运锤时应注意:落锤点应在波峰处并且快速地向着加热点中心区域滑动的敲击办法来敲打,锤击的力量不要大。但是,应该使用最少的锤击次数,因为在这个区域施加过多的锤击,会使金属变薄和使金属重新被拉延。

在被加热的金属褪去红色而变为黑色之前,应尽可能快地完成修复工作。一旦受热金属变成了黑色,应使用浸水的抹布或海绵来将其冷却。冷却使受热金属更快地凉下来,因而金属可产生更多的收缩量;冷却也消除了热量在金属上的扩散,使修理人员能够判断出拉延金属被收缩到了什么程度以及是否需要进一步的收缩操作。

火焰法加热对同一点最好是一次性的,操作中应注意加热点直径应控制在 20~30mm 范围内,焰炬应与金属保持一定距离,焰心到金属的距离应稳定控制在 5~10mm,以免金属过热或烧出孔。

加热温度一般应控制在 500℃以内,相当于钢板受热点变为橘红色。当构件的板料较厚且需要大面积收缩时,方可适当加热到 700~750℃,相当于钢板受热点变为黄色或浅黄色。但是由于高强度钢在车身上的广泛应用,给经验法判断火焰加热温度带来一定的困难,因为不同厂家生产的高强度钢,其加热的临界温度是不同的。如果能够查出金属材料的性能及其加热临界温度,则可用热蜡笔更加精确地控制金属板的加热温度。使用时先按加热温度要求选择符合控制要求的蜡笔,在金属板的加热区域画上蜡笔标记。当使用火焰加热至蜡笔上所标明的指定温度时,热蜡笔记号便会熔化,此时应立即停止加热。

如果已经收缩过的点的周围金属仍然凸起,那么就应该对剩余的凸出点重复进行收缩操作,直到所有高出的点都被修理到所需要的水平。这个过程被称为顺序收缩,一般用于修理受到拉延的大平板件上。

在进行顺序收缩操作时,加热点应尽可能小而且分布广泛,以便在不同的加热点之间能留有足够多的坚硬金属,使加热点被充足的坚硬金属分开。一般使用一系列轻微的收缩要比采用一次大的收缩的效果要好得多,因为在这个过程中金属会更多地保持其稳定性和张紧度,而且也能将热量积聚和金属的扭曲减到最小程度。

注意:不要在加热点金属变成黑色之前就去冷却,否则金属会产生晶化并变硬,从而使金属的最后整形工作变得很困难,而且也有可能会导致金属的开裂。

有些修理工作需要使用大量的加热点来将零件恢复到合适的形状和轮廓,例如,汽车上采用的大面积、没有支撑部件的板件,如发动机罩。这些区域很难成功地进行收缩,即便是非常谨慎地实施顺序收缩操作,板件上的热量积聚还是很高。这部分热量会传播到整个板件上,经常会导致在修理工对拉延区域进行收缩操作时,未受到损伤的金属却发生翘棱和扭曲。如果热量积聚不能完全消除,可以采用阻止热量向损伤的区域外扩散的办法,例如,用湿抹布包住受损金属区域附近的板件的边缘时,它可以阻止热量向未受损区域的金属扩散并吸收过多的热量;抹布很快就会变干,在整个操作过程中,尤其是当热量积聚非常严重的时候必须保证抹布是湿的。

如果在对剩余的拉延金属进行收缩时,已经收缩过的部分金属发生了凹陷,那么应该使用顶铁和修平锤对这部分金属重新进行修复。

用火焰法对车身板类构件进行收缩操作后,金属表面就难免显得不光滑了,需要用敲平法(精平)对收缩过的部位作精细的修整。对构件尺寸、形状与位置误差等,也要进行一次最后的检查与校正。在对金属进行敲打和打磨操作时要格外小心,因为在整个收缩区域内金属的厚度是不同的,过重的锉修和打磨会造成薄的区域穿孔。

火焰收缩法的优点是收缩效率高,操作过程也比较直观。缺点是火焰加热会由于金属的热传导作用而破坏周围的涂层,温度高对周围构件的热辐射也大,甚至需要拆除部分构件后才能施工。当车身材料为耐腐钢板时,应尽量少用火焰法。

项目六 矫正变形的钣金件

项目小结

1. 在钣金加工过程中,钣金构件的塌陷、扭曲、断裂等现象是常见的。对这些钣金构件以及加工后引起变形的零部件进行修整、复原的工艺称为矫正。

2. 钣金变形矫正的常用工具有工作平台、锤、台虎钳、拉拔器等。

3. 手工矫正是在平板、铁砧或台虎钳上用锤子等工具,使不合乎形状要求的钣金件达到技术要求所规定的几何形状。

4. 矫正机由一系列轴辊组成,弯曲的钢板通过这些轴辊滚压而得以矫正。

5. 钣金中常用的几种手工矫正方法,内容主要包括:板材变形的矫正方法、型钢变形的矫正方法和棒、轴及线材的变形与矫直方法。

6. 火焰矫是利用金属热胀冷缩这一性质来达到收缩目标的。

7. 火焰法加热对同一点最好是一次性的,操作中应注意加热点直径应控制在 20～30mm 范围内,焰炬应与金属保持一定距离,焰心到金属的距离应稳定控制在 5～10mm,以免金属过热或烧出孔。

练习题

一、填空题

1. 矫正大致可分为_____矫正和_____矫正。
2. 常用的矫正变形的方法有_____、_____、_____。
3. 板材产生变形的原因常常是由于受外力作用产生了_____,改变了原来的形状。
4. 火焰矫是利用金属_____这一性质来达到收缩目标的。
5. 火焰法加热对同一点最好是一次性的,操作中应注意加热点直径应控制在_____mm 范围内,焰炬应与金属保持一定距离,焰心到金属的距离应稳定控制在_____mm,以免金属过热或烧出孔。

二、选择题

1. (　　)用于在其上平面进行板料画线、下料、敲平及矫正工作。
   A. 工作平台　　B. 台虎钳　　C. 拉拔器
2. (　　)主要用于修整箱型角等部位。
   A. 扁头锤　　B. 捅锤　　C. 平头整型锤
3. 针对金属薄板中部凹凸而边缘呈波浪形以及翘曲等变形的情形,应使用(　　)方法矫正。
   A. 扭转法　　B. 延展法　　C. 弯形法

三、判断题

1. 钣金加工过程中对钣金构件的塌陷、扭曲、断裂等现象进行修整、复原的工艺称为矫正。(　　)
2. 火焰矫正是在工件上进行局部加热的一种矫正方法。(　　)
3. 扁钢扭曲变形矫正方法:可将扁钢一端用虎钳夹住,另一端用开口扳手或活动扳手夹持扁钢,并向曲的相反方向扭转,待扭曲变形消失后,再用锤击将其矫平。(　　)

4. 角钢无论内弯还是外弯,都可将它的凸起处向上,放在合适的钢圈或砧铁上,再锤击凸起部位,使其向反方向变形而矫正。 （ ）

5. 火焰矫正是利用金属热胀冷缩这一性质来达到收缩目标的。 （ ）

四、简答题

1. 简述板材手工矫正的方法。
2. 简述火焰矫正的加热方式。
3. 简述火焰矫正的步骤。

项目七　气焊制作工艺品

学习目标

完成本单元学习后,你应能:
1. 了解氧气、乙炔的基本性质;
2. 掌握气焊设备的安装、安全操作事项和一般故障的排除;
3. 了解正确调整气焊火焰的方法、选择气焊火焰的基本原则;
4. 学会气焊的焊接工艺;
5. 进行金属板件的平焊、横焊、立焊、仰焊的操作;
6. 学会对铜、铝等有色金属进行焊接。

建议课时:30课时

课题一　气焊设备与操作

课题任务

1. 气焊是利用_____与_____混合燃烧所释放的_____作热源进行金属材料的焊接。
2. 氧乙炔焊接设备由_____、_____、_____、_____、_____、焊炬等组成。
3. 氧气是一种化学性质比较活泼的_____的气体,它可以与金属、非金属、化合物等多种特物质发生氧化反应。
4. 乙炔俗称_____,在室温下是一种无色、极易燃的有毒气体。

课题内容

一、氧乙炔焊及其焊接设备

气焊是利用可燃气体与助燃气体混合燃烧所释放的热量作热源进行金属材料的焊接。目前应用最普通的是乙炔气和氧气混合燃烧来进行气焊。

氧乙炔焊接设备由钢制氧气气瓶、乙炔气气瓶、减压器、回火防止器、输气软管、焊炬等组成,如图7-1所示。

1. 气瓶

气瓶,如图7-2所示。钢制气瓶有氧气瓶、乙炔气瓶。

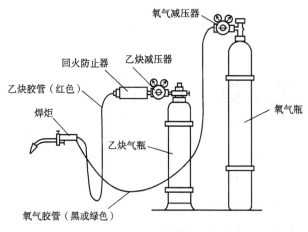

图7-1 氧乙炔设备组成

图7-2 气瓶

(1) 氧气及气瓶。

①氧气。氧气是一种化学性质比较活泼的无色无味的气体,密度是1.429g/L,比空气略大(空气的密度是1.293g/L)。它可以与金属、非金属、化合物等多种物质发生氧化反应,反应剧烈程度因条件不同而异,可表现为缓慢氧化、烧、爆等,反应中放出大量的热。氧气在生产生活中用途广泛,例如利用物质在空气中或氧气中燃烧产生大量的热,进行金属的气焊和气割。

②氧气瓶。氧气瓶是储存和运输高压氧气的容器。容积为40L,储氧的最大压力为15MPa。按规定氧气瓶外表漆成天蓝色,并用黑漆标明"氧气"字样。氧气的助燃作用很大,如在高温下遇到油脂,就会有自燃爆炸的危险。所以应正确地使用和保管氧气瓶:放置氧气瓶必须平稳可靠,不应与其他气瓶混在一起;气焊工作地与其他火源要距氧气瓶5m以上;禁止撞击氧气瓶;严禁沾染油脂;邻近建筑或可燃物着火,应迅速将氧气瓶移至安全地点。

氧气瓶口装有瓶阀,用以控制瓶内氧气排出,手轮逆时针方向旋转则可开放瓶阀,顺时针旋转则关闭。

(2) 乙炔及气瓶。

①乙炔。乙炔俗称风煤、电石气,在室温下是一种无色、极易燃的有毒气体,密度比空气大。乙炔主要作工业用途,特别是烧焊金属方面。纯乙炔在空气中燃烧可达2100℃左右,在氧气中燃烧可达3600℃。

②乙炔气瓶。乙炔气瓶是一种储存和运输乙炔的容器。外形与氧气瓶相似,但它的构造比氧气瓶复杂。乙炔瓶的主要部分是用优质碳素钢或低合金钢轧制而成的圆柱形无缝瓶体。外表漆成白色,并用红漆标有"乙炔"字样。乙炔瓶表面温度不应超过40℃。在瓶体内装有浸满着丙酮的多孔性填料,能使乙炔稳定而安全地储存在瓶内。使用时,溶解在丙酮内的乙炔就分解出来,通过乙炔瓶阀流出。而丙酮仍留在瓶内,以便溶解再次压入的乙炔。乙炔瓶阀下面的填料中心部分的长孔内放着石棉,其作用是帮助乙炔从多孔填料中分解出来。

③乙炔气瓶检查。乙炔瓶逐支检查,并清洁气瓶上的污物和异物。检查瓶体是否有

烧损、变形,涂层烧毁(漆皮鼓泡除外),瓶阀或易熔合金塞上易熔合金熔化及乙炔回火迹象。

检查乙炔瓶的检验周期是否过期。

检查乙炔瓶瓶身是否有裂纹或鼓包或凹陷变形或划伤及底座拼接焊缝开裂等问题。

检查乙炔瓶瓶身各处腐蚀情况,尤其是认真检查乙炔瓶底部及边缝腐蚀情况。

检查乙炔瓶阀及附件是否缺陷、损坏。

检查乙炔瓶颜色是否脱落变色。若气瓶颜色不对,则认真检查确定是否乙炔瓶。

若新瓶则应抽成真空,补加丙酮。打开气瓶阀,用余压表测量气体余压时,检查气瓶的内芯、阀。

2. 减压器

减压器,如图7-3所示。各种减压器用来将气瓶的压力减小到一定值,并保持稳定。氧气瓶放气或开启减压器时动作必须缓慢。安装减压器之前,要略打瓶阀门,吹除污物,以防灰尘和水分带入减压器。在开启气瓶阀时,瓶阀出气口不得对准操作者或他人,以防高压气体突然冲出伤人。减压器出气口与气体橡胶管接头处必须用退过火的铁丝或卡箍拧紧;防止送气后脱开发生危险。

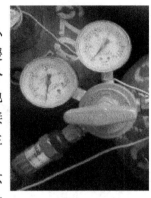

图7-3　减压器

减压器在使用过程中如发现冻结,用热水或蒸汽解冻,绝不能用火焰或红铁烘烤。减压器加热后,必须吹掉其中残留的水分。

减压器必须保持清洁。减压器上不得沾染油脂、污物,如有油脂,必须在擦拭干净后才能使用。

3. 回火防止器

在气焊过程中,有时会发生气体火焰进入喷嘴内逆向燃烧的现象,称为回火。回火时一旦逆向燃烧的火焰进入乙炔发生器或乙炔瓶内,就会发生燃烧爆炸事故。

当焊炬或割炬的焊嘴或割嘴被堵塞,焊嘴或割嘴过热使气体压力升高,增大混合气流动阻力,乙炔气工作压力过低或橡皮管堵塞,焊炬、割炬失修等使混合气流出速度降低,火焰燃烧速度大于混合气流出速度,氧气倒流等均可导致回火。

回火防止器的作用是当焊炬或割炬发生回火时,可防止火焰倒流入乙炔发生器或乙炔瓶内,或阻止火焰在乙炔管道内燃烧,从而保障乙炔发生器或乙炔瓶等的安全。所以乙炔发生器或乙炔瓶必须安装回火防止器。

4. 软管

各种软管从各调节器、气瓶处将氧气和乙炔输送到焊炬处,通常氧气管颜色常用蓝色、绿色或黑色,乙炔管常用红色,使用过程中一定按照约定的规范去使用,不得调换使用,以避免发生意外。

5. 焊炬又称焊枪

焊炬又称焊枪,如图7-4所示。焊炬是利用氧气和中低压乙炔作为热源,焊接或预热黑色金属或有色金属工件的工具,是气焊操作的主要工具。

(1)焊炬的作用:将可燃气体和氧气按一定比例均匀地混合,以一定的速度从焊嘴喷出,形成一定能率、一定成分、适合焊接要求和稳定燃烧的火焰。焊炬的好坏直接影响气焊的焊接质量,因而要求焊炬应具有良好的调节氧气与可燃气体的比例和火焰能率的性能,使混合气体喷出的速度等于或大于燃烧速度,以使火焰稳定地燃烧。同时还要求焊炬的质量要小,使用时应操作方便、安全可靠。

图 7-4 焊炬

(2)焊炬的结构:如图 7-5 所示,焊炬由乙炔进气管、乙炔活门、氧气进气管、氧气活门组成。乙炔活门用来控制乙炔的量,氧气活门用来控制氧气的量。

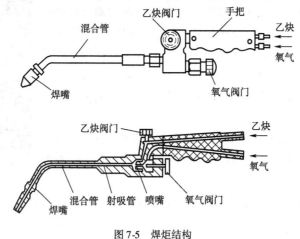

图 7-5 焊炬结构

课题任务

1. 按照氧气和乙炔的体积混合比不同可形成 _____、_____、_____ 三种火焰。
2. 当氧气和乙炔的体积混合比为 _____ 时,产生中性焰。最高温度达到 _____ ℃。
3. 混合气中乙炔量 _____ 氧气量时,燃烧生成的火焰为碳化焰,最高温度为 2700~3000℃。
4. 混合气中氧气 ____ 乙炔时,燃烧生成的火焰为氧化焰,最高温度为 3100~3300℃。

课题内容

二、氧乙炔火焰

氧乙炔的火焰是焊接和切割的热源。按照氧气和乙炔的体积混合比不同可形成中性焰、碳化焰、氧化焰三种火焰。

1. 中性焰

标准的火焰称为中性焰,如图 7-6 所示。当氧气和乙炔的体积混合比为 1∶1 时,产生中性焰这种火焰有非常透明的焰心,焰心外层被透明的蓝色火焰包围,最高温度可达3100~3200℃。

2. 碳化焰

碳化焰如图7-7所示,又称为剩余焰或收缩焰。混合气中乙炔量略多于氧气量时,燃烧生成的火焰为碳化焰。火焰比中性焰长,不充分燃烧冒黑烟。碳化焰和中性焰的不同之处在于它由三个部分组成:它的焰心和外层火焰都和中性焰相同,但在这两层火焰之间,有一层淡色的乙炔包围在透明焰心的外面。乙炔焰心的长度随着气体混合物中乙炔量的多少而变化。碳化焰最高温度为2700~3000℃。

图7-6 中性焰

碳化焰用于焊接铝、镍和其他合金,在车身修理中可以进行热收缩、清洁油漆等工作。

3. 氧化焰

混合气中氧气略多于乙炔时,燃烧生成的火焰为氧化焰,如图7-8所示。从外观上看,氧化焰与中性焰相似,但它的乙炔焰心较短,其颜色比中性焰较浅,而且边缘模糊,火焰具有氧化性,有"嘶嘶"声,最高温度为3100~3300℃。

氧化焰通常会使熔化的金属氧化,所以不能用来焊接钢材而是用来切割金属,但它可以用来焊接黄铜和青铜。

图7-7 碳化焰

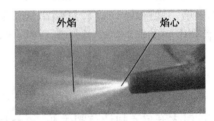

图7-8 氧化焰

4. 用途

根据两种气体的比例不同而产生不同的火焰,不同配比的火焰有不同的用途,见表7-1。

不同性质的火焰适用的不同金属材料　　　　表7-1

火焰种类	金属材料
中性焰	低碳钢、低合金钢、不锈钢、紫铜
中性焰或轻微氧化焰	青铜
中性焰或轻微碳化焰	铅、锡、铝及铝合金
氧化焰	黄铜、锰钢、镀锌材料
碳化焰	高碳钢、铸铁、高速钢、硬质合金

课题任务

1. 在使用焊炬进行焊接点火时,先开适量的_____,后开少量_____。

2. 停止使用焊炬时,应先关闭_____调节阀,然后再关闭_____调节阀,以防止火焰倒袭和产生烟灰。

3. 焊炬出现"叭、叭"响声(放炮)和连续灭火现象,是因焊炬使用时间_____,乙炔中的杂质,特别是氢氧化钙等烟灰在射吸管内壁附着太厚所致。

4. 在使用过程中,如发现气体通路或阀门有漏气现象,应立即停止工作,消除_____后,才能继续使用。

5. 在焊接大型焊件或预热焊件时,出现连续灭火等现象的原因是_____和混合气管温度_____或焊嘴松动。

三、氧乙炔焊焊炬的调整与操作

氧乙炔焊不能用来焊接现代的车身,但可以用来对非结构性板件上钎焊过的焊缝进行钎焊、清洁油漆层、对结构性部件的大体切割等。

使用焊炬焊接点火时,应先开适量的乙炔,后开少量氧气,这样就不易产生丝状黑烟。如果先开氧气再开乙炔,点火开始时的火势较为旺盛,相对较为危险。

1. 调节焊炬的步骤

(1) 将合适的喷嘴安装在焊炬的前端。

(2) 分别将乙炔和氧气调节器调节到适当的压力值。

(3) 将乙炔阀旋开约半圈并点燃气体,然后继续旋开压力阀,直到黑烟消失并出现红黄色火焰。慢慢旋开气阀,直到出现带有淡黄色透明焰心的蓝色火焰。进一步旋开氧气阀,直到中间的焰心变尖并轮廓分明。这时火焰成为中性焰,可以用来焊接低碳钢(如汽车外部覆盖件)。

2. 使用焊炬时应注意的事项

(1) 使用前必须检查其射吸情况。先将氧气橡皮管紧接在氧气接头上,使焊炬接通氧气。此时先开启乙炔调节阀手轮,再开启氧气调节手轮,用手指按在乙炔接头上,如果手指感到有一股吸力,则表明射吸作用正常。如果没有吸力,甚至氧气从乙炔接头中倒流出来,则说明没有射吸能力,必须进行修理,否则严禁使用。

(2) 焊炬射吸检查正常后,再把乙炔橡皮管接在乙炔接头上。一般要求氧气进气接头必须与氧气橡皮管连接牢固,即用卡箍或退火的铁丝拧紧。而乙炔进气接头与乙炔橡皮管应避免连接太紧,以不漏气并容易插上和拔下为准。同时应检查其他各气体通道、各气体调节阀处和焊嘴处是否正常和漏气。

(3) 上述检查合格后才能点火。点火时应把氧气调节阀稍微打开,然后打开乙炔调节阀。点火后应立即调整火焰,使火焰达到正常形状。如果调整不正常或有灭火现象,应检查是否漏气或管路堵塞,并进行修理。点火时也可以先打开乙炔调节阀,点燃乙炔并冒烟灰,此时立即打开氧气调节阀。这种方法可避免点火时的鸣爆现象,而且在送氧后一旦发生回火须立即关闭氧气,防止回火爆炸。这种点火方法还能较容易地发现焊炬是否堵塞等毛病,其缺点是稍有烟灰,影响卫生,但有利于安全操作。

(4) 停止使用时,应先关闭乙炔调节阀,然后再关闭氧气调节阀,以防止火焰倒袭和产生烟灰。在使用过程中若发生回火,应迅速关闭乙炔调节阀,同时关闭氧气调节阀。等回火熄灭后,再打开氧气调节阀,吹除残留在焊炬内的余焰和烟灰,并将焊炬的手柄前部放在水中冷却。

(5)在使用过程中,如发现气体通路或阀门有漏气现象,应立即停止工作,消除漏气后,才能继续使用。

(6)焊炬各气体通路均不得沾染油脂,以防氧气遇到油脂而燃烧爆炸。再者,焊嘴的配合面不能碰伤,以防止因漏气而影响使用。

(7)焊炬停止使用后应挂在适当的场合,或拆下橡皮管将焊炬存放在工具箱内。严禁将带气源的焊炬存放在工具箱内。

3. 焊炬常见的故障及排除方法

(1)出现"叭、叭"响声(放炮)和连续灭火现象,是因焊炬使用时间过长,乙炔中的杂质,特别是氢氧化钙等烟灰在射吸管内壁附着太厚所致。排除时用比射吸管孔径细的齐头钢丝刮除里面的烟灰,尤其是在射吸管孔端部 10mm 处,更要清除干净。

(2)射吸能力小,火焰较小,是因氧气阀针积灰较厚或因氧气阀针弯曲和射吸管孔与氧气调节阀孔不同轴引起,应清除积灰和调直阀针。

(3)没有射吸能力,同时还出现逆流现象,是因射吸管孔处有杂质或焊嘴堵塞。如果焊嘴没有堵塞,应把乙炔橡皮管卸下来,用手指堵住焊嘴并开启氧气调节阀使氧气倒流,将杂质从乙炔管接头吹出。必要时可把混合气管卸下来,清除内部杂质。如果焊嘴堵塞,可用通针及砂布将飞溅物清除干净。

(4)点燃后火焰忽大忽小,是因氧气阀针杆的螺纹磨损,配合间隙过大,使阀针和针孔不同轴引起,须更换氧气阀针。

(5)乙炔接头处倒流,主要是由于与氧气阀针相吻合的喷嘴松动漏气,应拧紧。

(6)在焊接大型焊件或预热焊件时,出现连续灭火等现象。原因是焊嘴和混合气管温度过高或焊嘴松动。这时应关闭乙炔,将焊嘴浸入水中冷却或拧紧焊嘴,或将石棉绳用水湿润后,将焊嘴和混合气管缠绕包裹住。

课题二 气焊焊接工艺及要求

1. 焊炬的倾角指_____与_____的倾斜角度,由焊接件的厚度、熔点、导热性来决定。正常气焊时,一般焊丝与焊件表面的倾角为_____。

2. 火焰能率大小选取的依据,主要取决于焊炬型号、焊嘴规格、_____和_____的物理性质。

3. 根据焊件的使用要求,常见焊接方法有_____、_____、_____和仰焊四种。

提高氧乙炔焊接技术水平,需要通过大量的实践进行体会与摸索。

一、焊接规范的选择与焊前准备

1. 焊炬的倾角

焊炬的倾角指焊嘴与焊接件平面的倾斜角度,由焊接件的厚度、熔点、导热性来决定。

一般厚度大、熔点高、导热快的情况,其倾角也越大。图7-9为焊接低碳钢材料时,板厚与倾角之间的变化关系,若为熔点高或导热快的其他金属材料时,可在推荐角度值的基础上增加5°~10°的倾角。

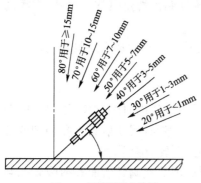

图7-9 焊嘴倾斜角选择

2. 火焰能率

火焰能率是指单位时间内可燃气体(乙炔)的燃烧值。选取能率大小的依据,主要是焊炬型号、焊嘴规格、焊件厚度和材料的物理性质。一般厚度大、熔点高、导热快以及横缝、平焊的情况所选取的火焰能率就大些,反之,则需要较小的火焰能率。

3. 焊丝的直径

焊丝的直径由焊件厚度及焊接方法所决定,当焊板厚低于15mm的焊件时,右焊法按照板厚的1/2选取焊丝的直径,左焊法按照右焊法所选取的焊丝直径增加1mm,见表7-2。

焊接厚度与焊丝直径选用参考　　表7-2

焊件厚度(mm)	1~2	2~3	3~5	5~10	10~15	>15
焊丝直径(mm)	可不用焊丝或用1~2	2	2~3	3~5	4~6	6~8

4. 焊接方向

在氧乙炔的焊接中,按焊接方向不同分为左焊法和右焊法两种。

焊炬可指向已完成的焊缝,焊接过程自左向右,焊炬在焊丝前面移动,称为向右焊法,如图7-10所示。

焊炬指向待焊部位,焊接过程自右向左,焊炬在焊丝后面移动,称为向左焊法,如图7-11所示。在施焊过程中焊工能清楚看到熔池上部凝固边缘,能获得较均匀的焊缝。

图7-10　向右焊法

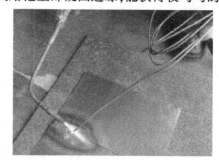
图7-11　向左焊法

二、氧乙炔焊操作

1. 火焰调节

点燃火焰后分别调节氧气和乙炔的流量,直到获得所需要的火焰性质及其火焰能率。

2. 火焰位置

火焰内层焰心的尖端要距离熔池表面3~4mm,尽量保持熔池的大小和形状不变。

3. 焊丝的填充反复法

对工件先进行加热,同时注意加热处的温度,一旦发现始焊处金属有熔化现象,可把加热火焰对准始焊处,将焊条末端加入火焰熔化,当熔化后的焊丝熔滴与焊件熔化处熔合后,重新摆动焊炬。

4. 焊嘴和焊丝的摆动

正常气焊时,一般焊丝与焊件表面的倾角为30°～40°,焊丝与焊嘴中心线的夹角为90°～100°。焊嘴与焊丝应作匀速、协调的摆动,通过摆动,既能使焊缝金属熔透、熔匀,又可以避免焊缝金属的过热或过烧。

5. 接头与收尾

当在焊缝停顿处重新起焊和焊接时,应将原熔池周围用火焰充分加热,待已冷却的熔池及附近的焊缝金属重新熔化成新的熔池后,方可熔入焊丝。

收尾时,由于焊件的温度较高,散热慢,故应减小焊嘴的倾斜角并加快焊接的速度,并多加入一些焊丝,以防止熔池面积扩大,避免烧穿。

三、各种空间位置的焊接方法

根据焊件的使用要求,常见焊接方法有平焊、立焊、横焊和仰焊四种,如图7-12所示。

立焊、横焊和仰焊,除了最基本的平焊操作外,在施焊过程中,还会遇到不同空间位置的焊缝,要采用相应的操作。

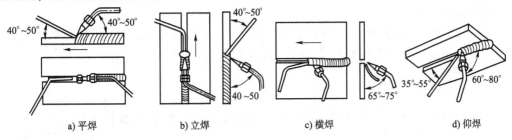

图7-12 常见焊接方法

1. 立焊

立焊是在焊件立面或斜面上进行纵向(竖向)的焊接操作,它的操作技术要领如下:

(1)采用比平焊小的火焰能率进行焊接。

(2)严格控制熔池温度,熔池不能太大和太深。

(3)掌握好与焊件的倾角。

(4)一般情况下,焊炬不作摆动。

(5)焊接不开坡口的2～4mm焊件时,应在起焊点充分预热以保证焊透,并在此基础上熔化出一个直径。

2. 横焊

横焊是在焊件的立面或斜面上横方向的焊接操作,它的操作技术要领如下:

(1)控制熔池温度。

(2)火焰与焊件间夹角保持65°～75°,利用火焰吹力托住熔化金属不使其下流。

(3)焊接薄件时,焊炬一般不作摆动,焊丝要始终浸在熔池中并不断把熔化金属推向熔池上边。

3.仰焊

仰焊是焊接火焰位于焊件下方,焊工仰视焊件进行的焊接操作。

在各种位置焊接过程中,要根据气焊加热的方法、特点,灵活、正确地掌握各种工艺要点和技术参数,控制好熔池温度和焊接速度,防止产生未焊透、过热或者烧穿母材等现象。

课题三　铝工艺品的焊接

通过前面两个课题的学习,运用所学知识技能,以铝板为原材制作圆柱形小桶工艺品。

通过前面两个课题的学习,我们可以运用气焊操作进行一个简单的工艺品焊接。在铝、黄铜焊接中,气焊是最常用的方法。由于铝板成本较低,下面就以铝板焊接为例来进行工艺品焊接操作。

首先进行设备、工具准备。所需要使用的设备、工具有:氧乙炔焊设备组件、工作台、大力剪刀(钢剪)、钢板直尺或卷尺、画针、圆规、榔头、圆管等。

一、工艺品制作设计

以铝板为原材制作一个直径200mm、高300mm的圆柱形小桶,如图7-13所示。

二、画展开图

以工艺品制作设计要求为前提,分析各面展开图形状并计算出相应的几何尺寸。

1.分析各面展开图形状

圆柱形桶由一个长方形块和一个圆形底面构成,计算相应的几何尺寸。

长方形长应为圆柱形桶的圆周长 $= \pi d = 3.14 \times 200 = 628$ mm。

长方形宽为300mm。

底面圆直径为200mm。

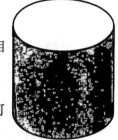

图7-13　圆柱形桶

2.画出展开图

根据分析计算尺寸画出展开图,如图7-14所示。

三、成形

根据展开图形状及其计算尺寸,运用直尺或卷尺在铝板件上测量,并用画针画出展开图形状,用钢剪下料、在工作台上用榔头等工具成型,如图7-15所示。

四、焊接

气焊焊接圆柱桶侧面与底面,如图 7-16 所示。用中性焰或轻微碳化焰焊接铝板。

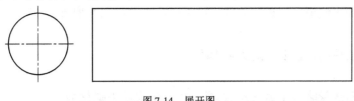

图 7-14 展开图

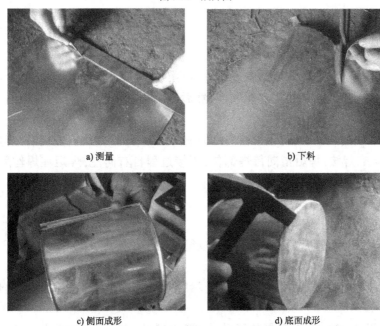

a) 测量　　　　　　　　　　　　b) 下料

c) 侧面成形　　　　　　　　　　d) 底面成形

图 7-15 下料成形图

五、工艺品制作完成

通过以上步骤,完成设计制作工艺品圆柱桶,如图 7-17 所示。

图 7-16 焊接侧面及底面

图 7-17 圆柱桶

项目小结

1. 氧乙炔设备有钢制氧气气瓶、乙炔气体气瓶、调节器、输气软管、焊炬。
2. 氧乙炔的火焰根据两种气体的比例不同产生的火焰类型有：
(1) 中性焰。
当氧气和乙炔的体积混合比为1:1时。
(2) 碳化焰。
混合气中乙炔量略多于氧气量时，燃烧生成的火焰为碳化焰。
(3) 氧化焰。
3. 调节焊炬的步骤：
(1) 将合适的喷嘴安装在焊炬的前端。
(2) 分别将氧气和乙炔调节器调节到适当的压力值。
(3) 将乙炔阀旋开约半圈并点燃气体，然后继续旋开压力阀，直到黑烟消失并出现红黄色火焰。
(4) 在氧乙炔的焊接中，焊炬可指向已完成的焊缝，焊接过程自左向右，焊炬在焊丝前面移动，称为向右焊法；焊炬指向待焊部位，焊接过程自右向左，焊炬在焊丝后面移动，称为向左焊法。
4. 使用焊炬时应注意的事项
(1) 使用前必须检查其射吸情况。
(2) 焊炬射吸检查正常后，再把乙炔橡皮管接在乙炔接头上。
(3) 上述检查合格后才能点火。
(4) 停止使用时，应先关闭乙炔调节阀，然后再关闭氧气调节阀，以防止火焰倒袭和产生烟灰。
(5) 在使用过程中，如发现气体通路或阀门有漏气现象，应立即停止工作，消除漏气后，才能继续使用。
(6) 焊炬各气体通路均不得沾染油脂，以防氧气遇到油脂而燃烧爆炸。
(7) 焊炬停止使用后应挂在适当的场合，或拆下橡皮管将焊炬存放在工具箱内。严禁将带气源的焊炬存放在工具箱内。
5. 焊炬常见的故障及排除方法：
(1) 出现"叭、叭"响声(放炮)和连续灭火现象，是因焊炬使用时间过长，乙炔中的杂质，特别是氢氧化钙等烟灰在射吸管内壁附着太厚所致。排除时用比射吸管孔径细的齐头钢丝刮除里面的烟灰，尤其是在射吸管孔端部10mm处，更要清除干净。
(2) 射吸能力小，火焰较小，是因氧气阀针积灰较厚或因氧气阀针弯曲和射吸管孔与氧气调节阀孔不同轴引起，应清除积灰和调直阀针。
(3) 没有射吸能力，同时还出现逆流现象，是因射吸管孔处有杂质或焊嘴堵塞。如果焊嘴没有堵塞，应把乙炔橡皮管卸下来，用手指堵住焊嘴并开启氧气调节阀使氧气倒流，将杂质从乙炔管接头吹出。必要时可把混合气管卸下来，清除内部杂质。如果焊嘴堵塞，可用通针及砂布将飞溅物清除干净。

(4)点燃后火焰忽大忽小。因氧气阀针杆的螺纹磨损,配合间隙过大,使阀针和针孔不同轴引起,须更换氧气阀针。

(5)乙炔接头处倒流。主要是与氧气阀针相吻合的喷嘴松动漏气,应拧紧。

(6)在焊接大型焊件或预热焊件时,出现连续灭火等现象。原因是焊嘴和混合气管温度过高或焊嘴松动。这时应关闭乙炔,将焊嘴浸入水中冷却或拧紧焊嘴,或将石棉绳用水湿润后,将焊嘴和混合气管缠绕包裹住。

6. 焊炬的倾斜角度,由焊接件的厚度、熔点、导热性来决定。

7. 火焰能率是指单位时间内可燃气体(乙炔)的燃烧值。选取能率大小的依据,主要是焊炬型号、焊嘴规格、焊件厚度和材料的物理性质。

8. 焊丝的直径由焊件厚度及焊接方法所决定,当焊板厚低于15mm 的焊件时,右焊法按照板厚的1/2选取焊丝的直径,左焊法按照右焊法所选取的焊丝直径增加1mm。

9. 氧乙炔焊操作通过以下五个操作步骤来完成:
(1)火焰调节。
(2)火焰位置。
(3)焊丝的填充反复。
(4)焊嘴和焊丝的摆动。
(5)接头与收尾。

10. 各种空间位置的焊接方法根据焊件的使用要求,常见焊接方法有平焊、立焊、横焊和仰焊四种。

11. 立焊操作技术要领:
(1)采用比平焊小的火焰能率进行焊接。
(2)严格控制熔池温度,熔池不能太大和太深。
(3)掌握好与焊件的倾角。
(4)一般情况下,焊炬不作摆动。
(5)焊接不开坡口的2~4mm 焊件时,应在起焊点充分预热以保证焊透,并在此基础上熔化出一个直径。

12. 横焊操作技术要领:
(1)控制熔池温度。
(2)火焰与焊件间夹角保持65°~75°,利用火焰吹力托住熔化金属不使其下流。
(3)焊接薄件时,焊炬一般不作摆动,焊丝要始终浸在熔池中,并不断把熔化金属推向熔池上。

练习题

一、填空题

1. 氧乙炔焊接设备由钢制氧气气瓶、_____、_____、_____、_____、_____等组成。

2. 回火防止器的作用是当_____发生回火时,可防止_____乙炔_____内,或阻止火焰在_____燃烧,从而保障乙炔发生器或乙炔瓶等的安全。

3. 焊炬的好坏直接影响气焊的焊接质量，因而要求焊炬应具有良好的调节_____与_____的比例和_____的性能，使混合气体喷出的速度_____燃烧速度，以使火焰稳定地燃烧。

4. 氧乙炔按照氧气和乙炔的体积混合比形成不同火焰。当氧气和乙炔的体积混合比为_____可形成中性焰；当氧气和乙炔的体积混合比为_____可形成碳化焰；当氧气和乙炔的体积混合比为_____可形成氧化焰。

5. 焊炬的倾斜角度，若为熔点高或导热快的其他金属材料时，可在推荐角度值的基础上增加_____的倾角。

6. 火焰能率是_____。选取能率大小的依据，主要是_____、_____、_____和材料的_____。一般厚度大、熔点高、导热快以及横缝、平焊所选取的火焰能率就_____，反之，则需要_____的火焰能率。

7. 根据焊件的使用要求，常见焊接方法有_____、_____、_____和_____四种。

二、判断题

1. 乙炔瓶、氧气瓶、氢气瓶与易燃的其他物品不能同车运输和存放。（　　）
2. 乙炔橡胶管道出现堵塞时，要用氧气吹净堵塞物。（　　）
3. 使用减压器时，不能沾有油脂等杂物，各种减压器不能混用。（　　）
4. 焊炬停止使用时，应先关闭乙炔调节轮后关闭氧气调节轮，避免回火。（　　）
5. 使用射吸式焊炬时，正确的点火应先开启乙炔调节轮，后开氧气调节轮。（　　）
6. 使用乙炔瓶时，必须加装干式回火防止器，否则不得使用。（　　）
7. 氧气是一种易燃气体，与其他可燃气体混合都能形成爆炸混合物。（　　）
8. 乙炔气瓶口着火时，设法立即关闭瓶阀。（　　）

三、选择题

1. 氧气减压器的作用是（　　）。
   A. 只起减压作用　　B. 只起稳压作用　　C. 减压、稳压都起作用
2. 乙炔气体比重与空气相比（　　）。
   A. 重　　　　　　B. 轻　　　　　　C. 一样
3. 乙炔瓶表面温度不应超过（　　）℃。
   A. 20~30　　　　B. 30~40　　　　C. 50~60
4. 乙炔是可燃气体，在空气中燃烧温度为2350℃，与氧气结合燃烧温度可达（　　）℃。
   A. 3000~3300　　B. 2800~2850　　C. 2770
5. 乙炔气瓶瓶体表面涂（　　），并印有"乙炔气瓶，不可近火"红色字样，容量为4L，一般能溶解6~7kg乙炔。
   A. 灰色　　　　B. 黑色　　　　C. 白色　　　　D. 天蓝色
6. 乙炔是一种危险的（　　）气体，在一定条件下，很容易因分子的聚合、分解而发生着火、爆炸。
   A. 惰性　　　　B. 助燃　　　　C. 可燃

7. 在进行氧乙炔焊接时,焊接厚 1~3mm 的低碳钢板件时,焊炬的倾斜角应选用(　　)。

　　A. 20°　　　　　　　B. 30°　　　　　　　C. 40°

8. 在进行氧乙炔焊接时,焊接厚 3~5mm 的板件时应选用(　　)的焊丝进行焊接。

　　A. 1~2mm　　　　　B. 2~3mm　　　　　C. 3~5mm

四、简答题

1. 为什么气焊点火时要先开乙炔阀?
2. 为什么发生回火时应迅速关闭氧气阀?
3. 为什么氧气管着火时要先关闭氧气阀?
4. 简述焊炬使用的注意事项。

五、实践技能训练

利用本书所学知识和技能,用铝板件运用氧乙炔焊的方法,试设计制作一个圆锥形水桶工艺品。

项目八 焊补散热器

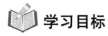
学习目标

完成本项目学习后,你应能:
1. 了解有色金属及合金的牌号和性能;
2. 掌握钎焊的原理及适用范围;
3. 初步学会钎焊焊接工艺;
4. 能自己配制钎焊剂和焊后清洗;
5. 能够运用铜焊焊补散热器。

建议课时:20课时

气焊和电焊都是要将焊件材料加热到熔化状态,然后将焊丝(条)熔化滴入熔池,待冷却后形成焊缝,将被焊接件焊牢。钎焊则与此不同,只将焊件材料(母材)加热而不熔化,利用低熔点的钎料填充在焊件衔接处,使被焊材料焊接在一起。汽车钣金修理中如散热器、汽油箱、装饰钣金、车身缺陷等修理都离不开钎焊。

◇ **小提示**:钎焊必须借助于焊剂,否则无法焊接成功!

课题一 钎焊焊接工艺

课题任务

1. 钎焊与焊接的本质区别在于,焊接将母材与焊料融化在一起,而钎焊则只有____并与母材形成粘接而已。
2. 钎焊的主要特点是:焊接温度低、母材变形小;还可以将本不相熔的材料焊接在一起;焊料的流动性好,很适合于车身表面的_____。
3. 钎焊分为_____和_____两种。
4. 有些汽车出于防腐和水密性的要求,装配在车顶与壳体围板的连接处,应用了_____。

课题内容

一、钎焊的原理与设备

钎焊是指利用一种比母材熔点低的材料作为填料,融化后靠其流动性好和毛细作用渗入母材,使零件连接在一起的方法。事实上所谓钎焊并不属于焊接的一种形式,而只不过是利用这一机理将零件粘接在一起罢了。它与焊接的本质区别在于,焊接将母材与焊料融化在一起,而钎焊则只有焊料自身融化并与母材形成粘接而已,如图 8-1 所示。

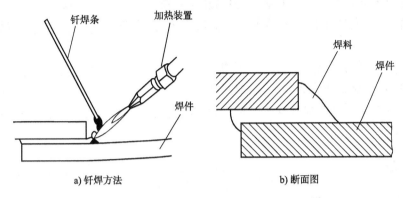

图 8-1 钎焊原理

钎焊的主要特点是:焊接温度低、母材变形小;还可以将本不相熔的材料焊接在一起;焊料的流动性好,很适合于车身表面的溜缝和填补(图 8-2);但是钎焊无熔深,故连接强度较差,对接头形式有着不同于其他焊接方法的特殊要求(图 8-3)。

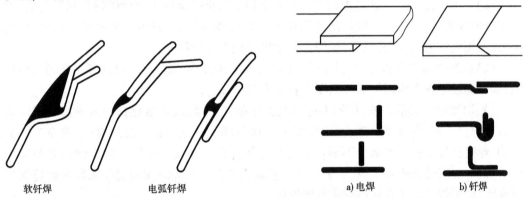

图 8-2 钎焊的溜缝和填补　　　　　图 8-3 钎焊的熔深特点

钎焊分为硬钎焊和软钎焊两种。用低于 427℃ 的有色金属合金为钎料的焊接称为软钎焊。软钎料熔化流进两个连接面之间的空隙,黏附这两个表面并凝固在一起,如锡焊。用熔点高于 427℃ 的金属钎料进行钎焊称为硬钎焊,如铜焊。

车身维修中的软钎焊所用的设备和工具较简单,主要有烙铁、热源(喷灯或气焊火焰)以及长把钳子、锉刀等。用紫铜制成的烙铁是软钎焊的间接加热工具,有多种不同的形状以适应于各种不同的场合。

硬钎焊作业使用的是氧—乙炔焊接设备。有些汽车出于防腐和水密性的要求,装配在车顶与壳体围板的连接处,应用了电弧钎焊技术。电弧钎焊的原理与熔化极气体保护焊相似,只是用钎料代替了钢丝并改换成氩气保护。

课题任务

1. 锡钎焊是利用_____接触加热焊件表面,同时熔化的焊锡流向_____之中,达到钎焊目的。
2. 加热时宜将烙铁的大头加热,加热温度不要高于_____℃。
3. 施焊时,当发现烙铁上的焊锡不能很快熔化时,说明_____,应_____。
4. 锡钎焊使用的焊剂_____有用于_____,有用于涂抹焊接部位的,应分盛在两个容器里,不能混用。
5. 焊锡过度于焊件表面的方法有两种:一是_____;另一种方法是_____。

课题内容

二、锡钎焊的特点与操作

锡钎焊是利用热烙铁接触加热焊件表面,同时熔化的焊锡流向被焊接的缝隙之中,达到钎焊目的。为得到良好的效果,锡钎焊操作必须注意以下几点:

(1)彻底清除工件焊接部位的油污和氧化物。汽车钣金件多为低碳钢板或铜合金,对其实行钎焊之前,首先要对被焊部分用刮刀、锉刀、砂布打磨,并用盐酸除锈,直到呈现光亮,涂上氯化锌溶液,才能施焊(镀锌薄板才可用盐酸作焊剂)。

(2)选取适当的烙铁,修整其工作表面后放入加热炉加热。加热时宜将烙铁的大头加热,以免烧毁烙铁工作面。加热温度不要高于600°C。

(3)取出已加热的烙铁,用锉刀把烙铁工作端锉干净,放在氯化锌溶液中浸一下以清除氧化物,再与焊锡反复摩擦,使工作端两面均匀镀上一层焊锡。施焊时,铬铁在工件上拉动,焊锡靠近烙铁工作部分不断熔化流进待焊部位。当发现烙铁上的焊锡不能很快熔化时,说明温度过低不宜施焊,应更换烙铁或重新加热。施焊时如发现锡珠离开焊缝或出现夹渣,表明焊接处还有污物或需再涂焊剂。

(4)锡钎焊使用的焊剂氯化锌有用于清除烙铁工作面的氧化物,有用于涂抹焊接部位的,应分盛在两个容器里,不能混用。

焊锡过度于焊件表面的方法有两种:一是用烙铁蘸锡然后直接施焊与焊接表面;另一种方法是手持条形焊锡,借烙铁温度或专用焊枪不断将焊锡熔化在焊接部位。具体操作步骤如图8-4所示。

(1)打磨并擦拭干净后刷涂软钎焊用焊剂;
(2)对涂过焊剂的部位加热并及时抹去浮渣;
(3)在对板面和焊锡进行均匀加热的过程中,填补焊料并及时用刮刀抹平;
(4)冷却后用柔性锉将表面修整平整。

焊接终了还要及时修正并清洁焊口表面,对不平整之处还可使用锉刀或刮刀等加以修平。

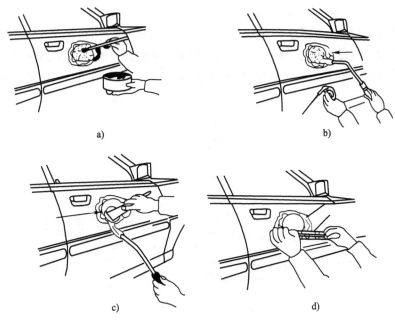

图 8-4 锡钎焊的操作步骤

课题任务

1. 铜钎焊属于硬钎焊,通常用_____加热母材,以_____焊条作为钎料,以铜焊粉或硼砂、硼酸、硅酸作焊药进行焊接。

2. 焊件经过清理后,用_____焰均匀加热母材的焊接表面,使之达到能接纳焊料的温度约_____℃,即相当于钎料的熔点。

3. 焊点温度不足时,不能向上熔敷焊料,不然会_____。

4. 焊接终了冷却后,应用水将残余焊剂冲掉,表面还应用钢丝刷等进行打磨,以防止硬化的焊剂附着在焊件表面而影响_____等。

5. 钎料一般按_____分为两大类。通常把熔点低于_____℃的钎料称为软钎料,熔点高于450℃的钎料称为_____。

课题内容

三、铜钎焊的操作

铜钎焊属于硬钎焊,通常用氧—乙炔焊炬加热母材,以黄铜焊条作为钎料,以铜焊粉或硼砂、硼酸、硅酸作焊药进行焊接。铜钎焊操作注意事项如下:

(1)施焊前将焊件清理干净,如除锈(用钢刷打磨并在加热过程中使用焊剂)。

(2)用气焊火焰加热铜钎条,蘸上硼砂。

(3)将焊件用气焊加热至樱红色,随即将蘸有焊料的铜条烧熔滴入焊件。

(4)焊缝较长时,应一边加热,一边熔料,并随时蘸取焊药;必要时把焊药撒在焊接处,以消除焊接过程中焊缝内的氧化物。

焊件经过清理后,用轻度碳化焰均与加热母材的焊接表面(图8-5),使之达到能接纳焊料的温度(约430°C),即相当于钎料的熔点(可根据钎料端头的熔化状态来估计)。确认温度适宜后,即可将焊料熔敷到母材表面(图8-6),让其自由地流动将所有部位填满。

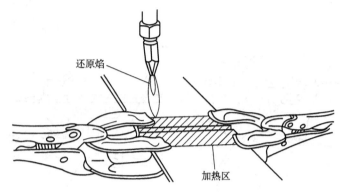

图8-5 对母材进行加热

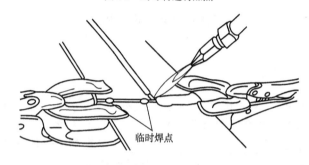

图8-6 钎焊的操作方法

对于活动的焊件应预先将其固定并夹紧,较长的焊缝也需要将其分段定位焊。作业中应注意焊接部位不得过热,否则将会使焊剂失去作用而影响结合强度。焊点温度不足时,不能向上熔敷焊料,不然会发生焊料滚动现象使之粘接不上。

焊接终了冷却后,应用水将残余焊剂冲掉,表面还应用钢丝刷等进行打磨,以防止硬化的焊剂附着在焊件表面而影响涂装和耐腐蚀性等。

四、钎料与钎剂

钎料一般按熔点的高低分为两大类。通常把熔点低于450°C的钎料称为软钎料,熔点高于450°C的钎料称为硬钎料。把450°C作为分界线是人为的,所以软与硬是相对的。另外根据钎料的主要元素把软钎料和硬钎料分为各种基的钎料。如软钎料又可分为铋基、铟基、锡基、铅基、镉基、锌基等类钎料;硬钎料又可分为铝基、银基、铜基、锰基等钎料。

钎剂是钎焊用的溶剂,按使用的温度不同,分为软钎剂和硬钎剂;按用途的不同分为普通钎剂和专用钎剂(图8-7)。

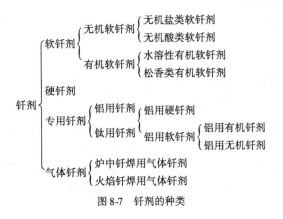

图 8-7 钎剂的种类

课题二 焊补散热器

课题任务

1. 黄铜是以_____作为主要合金元素的铜合金。
2. 白铜是含有_____、_____的铜合金。
3. 青铜分_____和_____两类。
4. 在铝中加入_____等合金元素,可制成强度高、抗蚀性强、加工性能好的铝合金。
5. 采用钎焊对散热器进行焊补,主要是焊补_____之间的连接。
6. 采用钎焊对散热器进行焊补,一般采用的是_____,但是焊接上、下水室一般采用_____。
7. 散热器管道一般采用黄铜制造,所以,加热温度一般不高于_____℃。

课题内容

一、有色金属

1. 黄铜

黄铜是以锌作为主要合金元素的铜合金。黄铜的塑性较高,又分为普通黄铜和特殊黄铜。

普通黄铜就是铜锌合金,用汉语拼音字母"H"加铜的百分含量表示,有 H65、H68、H80、H90、H95 五种牌号。

特殊黄铜是在黄铜中加入锡(Sn)、铅(Pb)、铝(Al)、锰(Mn)、铁(Fe)、硅(Si)等不同的化学元素后制成的。特殊黄铜牌号用"H"加第二个主添加元素符号以及除锌以外的元素含量数字组表示。常用的牌号有 HSn62-1、HMn58-2、HPb59-1 等。

2. 白铜

白铜是含有镍(Ni)、钴(Co)的铜合金。白铜的牌号以汉语拼音字母"B"表示,后面的数字表示镍和钴的含量,其余是铜的含量,但不标出来。如果还有其他元素时,元素的符号紧接 B 后写出,其含量在镍钴含量后写出。如 BZn15-20 表示含镍和钴 15% 左右,含锌 20% 左右。

3．青铜

青铜分锡青铜和无锡青铜两类。铜与锡(Sn)的合金称为锡青铜或普通青铜;铜与铝(Al)、硅(Si)、铅(Pb)、锰(Mn)、铍(Be)等元素组成不含锡的青铜,称为无锡青铜。青铜的牌号以字母"Q"表示;后面的元素符号和数字,表明是加入何种元素的青铜,及加入该元素的百分含量。铸造青铜在 Q 前加"Z"。如 QSn10 表示含锡 10% 的锡青铜。又如 ZQSn6-6-3,左面第一个数字为锡含量,第二个数字为锌含量,第三个数字为铅含量。ZQSn6-6-3 表示含锡量 6%、含锌量 6%、含铅量 3% 左右的铸造青铜。

4．铝合金

在铝中加入铜(Cu)、镁(Mg)、锰(Mn)、锌(Zn)、硅(Si)等合金元素,可制成强度高、抗蚀性强、加工性能好的铝合金。

二、有色金属的用途

1．常用加工黄铜的用途

常用加工黄铜的用途见表 8-1。

常用加工黄铜的用途　　　　表 8-1

牌号		用途	牌号		用途
普通黄铜	H96	冷凝管、散热器管、导电零件	特殊黄铜	HPb63-3	汽车上的零件及一般机械零件
	H90	奖章、供水及排水管		HPb59-1	热冲压及切削加工零件,如销、螺钉、垫圈等
	H70	机械和电器用零件		HAl60-1-1	齿轮、涡轮、衬套、轴及其他耐腐蚀零件
	H68	复杂的冷冲件、深冲件、散热器外壳、导管		HFe59-1-1	在摩擦及海水腐蚀下工作的零件,如垫圈、衬套等
	H62	销钉、铆钉、螺母、垫圈、导管、散热器		HSi80-3	耐磨锡青铜的代用品

2．常用形变铝合金的用途

常用形变铝合金的用途见表 8-2。

常用形变铝合金的用途　　　　表 8-2

类别	代号	用途	类别	代号	用途
防锈铝	LF5	焊接油油管、焊条、铆钉及中载荷零件和制品	硬铝	LY1	工作温度低于 100℃ 的结构用中等强度铆钉
	LF11	焊接油油管、焊条、铆钉及中载荷零件和制品		LY11	中等强度结构零件,如骨架、支架、螺旋桨叶片、螺栓、铆钉
	LF21	焊接油油管、焊条、铆钉及轻载荷零件和制品		LY12	高强度件,工作温度在 150℃ 以下工作的零件

续上表

类别	代号	用途	类别	代号	用途
超硬铝	LC4	结构中主要受力件,如飞机大梁、加强框、蒙皮接头及起落架	锻铝	LD7	内燃机活塞和在高温下工作的结构件
	LC9			LD10	承受重载荷的锻件和模锻件
	LC5	形状复杂、中等强度的锻件及模锻件			

三、基础训练——钎焊焊补散热器

采用钎焊对散热器进行焊补,主要是焊补各个散热片之间的连接,一般采用的是软钎焊。散热器管道一般采用黄铜制造,所以,加热温度一般不高于550℃。

但是焊接上、下水室一般采用硬钎焊,采用铜焊丝作为钎料,并采用气剂作为补充。焊接步骤如下:

(1)清理上、下水室表面的污物、锈蚀等,使表面光滑,易于钎焊焊接。
(2)用均匀的碳化焰加热母材的表面,使之达到能接纳焊料的温度,约430℃。
(3)确定温度适宜后,可将焊料熔敷在母材表面,注意尽量使焊料熔敷均匀,直至将所有焊接部位填满。
(4)将钎剂均匀的涂抹于焊接表面,使其自然冷却。
(5)待冷却后,用水将残余焊剂冲掉,表面用钢丝刷打磨直至光滑。

项 目 小 结

1.钎焊是指利用一种比母材熔点低的材料作为填料,融化后靠其流动性好和毛细作用渗入母材,使零件连接在一起的方法。

2.钎焊的原理是将焊件材料(母材)加热而不熔化,利用低熔点的钎料填充在焊件衔接处,使被焊材料焊接在一起。

3.汽车钣金修理中如散热器、汽油箱、装饰钣金、车身缺陷等修理都离不开钎焊。

4.钎焊的主要特点是:焊接温度低、母材变形小;还可以将本不相熔的材料焊接在一起;焊料的流动性好,很适合于车身表面的溜缝和填补;但是钎焊无熔深,故连接强度较差,对接头形式有着不同于其他焊接方法的特殊要求。

5.锡钎焊是利用热烙铁接触加热焊件表面,同时熔化的焊锡流向被焊接的缝隙之中,达到钎焊目的。

6.铜钎焊属于硬钎焊,通常用氧炔焊炬加热母材,以黄铜焊条作为钎料,以铜焊粉或硼砂、硼酸、硅酸作焊药进行焊接。

7.钎料一般按熔点的高低分为两大类。通常把熔点低于450℃的钎料称为软钎料,熔点高于450℃的钎料称为硬钎料。

8.采用钎焊对散热器进行焊补,主要是焊补各个散热片之间的连接,一般采用的是软钎焊。散热器管道一般采用黄铜制造,所以,加热温度一般不高于550℃。

练习题

一、填空题

1. 钎焊将焊件材料（母材）加热而不熔化，利用低熔点的_____填充在焊件衔接处，使被焊材料焊接在一起。
2. 焊锡过度于焊件表面的方法有_____和_____。
3. 锡钎焊使用的焊剂_____有用于清除烙铁工作面的氧化物，有用于涂抹焊接部位的，应分盛在两个容器里，不能混用。
4. 常见的有色金属有_____、_____、_____、_____。
5. 散热器管道一般采用黄铜制造，所以，加热温度一般不高于_____℃。

二、选择题

1. 用熔点低于（　　）的有色金属合金为钎料的焊接称为软钎焊。
   A. 227℃　　　　　B. 427℃　　　　　C. 727℃
2. 用熔点高于427℃的金属钎料进行钎焊称为（　　），如铜焊。
   A. 硬钎焊　　　　B. 软钎焊　　　　C. 锡钎焊
3. 钎焊对散热器进行焊补，主要是焊补（　　）之间的连接，一般采用的是软钎焊。
   A. 各个软管接头　　B. 各个固定位置　　C. 各个散热片

三、判断题

1. 钎焊只是焊料自身熔化并与母材形成粘接的工艺。（　　）
2. 钎焊接温度低、母材变形小、流动性好，很适合于车身表面的溜缝和填补。（　　）
3. 锡钎焊是利用热烙铁接触加热焊件表面，同时熔化的焊锡流向被焊接的缝隙之中。（　　）
4. 铜钎焊属于硬钎焊，通常用氧炔焊炬加热母材，以黄铜焊条作为钎料，以铜焊粉或硼砂、硼酸、硅酸作焊药进行焊接。（　　）
5. 钎料分类的加热温度限定是人为的，通常把熔点高于450°C的钎料称为软钎料。（　　）

四、简答题

1. 钎焊的主要特点是什么？
2. 什么是软钎焊，什么是硬钎焊？
3. 焊剂的用途是什么？

项目九　制作台类作品

学习目标

完成本项目学习后,你应能:
1. 认识常用的气割工具,掌握注意事项,并能正确使用气割锯;
2. 知道等离子切割设备的构成和原理;
3. 正确使用等离子切割设备切割板材;
4. 知道二氧化碳气体保护焊设备原理及调试办法;
5. 正确使用二氧化碳气体保护焊设备焊接简单工件;
6. 综合运用切割、焊接技术加工操作台。

建议课时:30课时

要完成操作台、工具箱等台类作品的制作,需要切割薄钢板和角钢等材料,需要学习有关切割、整形和焊接的知识,也有必要认识相关工具、设备的结构特点和工作原理,掌握其工艺要求,然后通过简单整形、焊接等工艺成型。下面通过学习切割工具,切割与焊接设备,并通过一阶段的实践操作来逐渐掌握台类作品的制作工艺,最后综合运用切割、焊接、整形知识完成操作台的制作。

课题一　常用气割工具与操作

课题任务

认识下列气割工具,并将工具名称填写在对应的方框内:

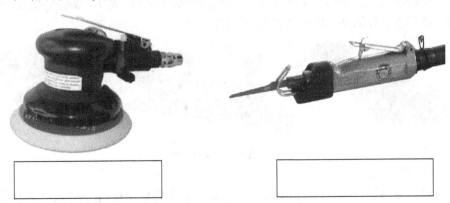

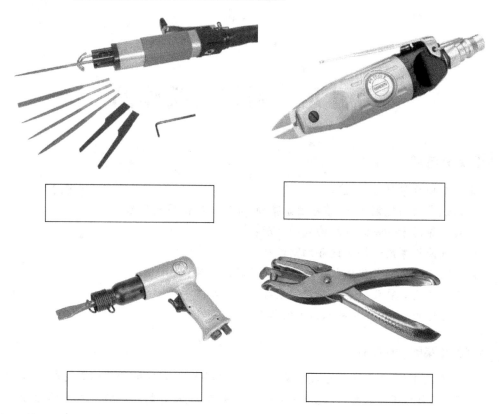

课题内容

一、常用气动分割工具简介

1. 气动磨削工具

手动工具简单粗糙、效率低；电动工具质量大、体积大，应用逐渐减少；而气动工具质量小、体积小，可减轻工作人员的劳动强度。因此，修理厂中大量使用的是气动工具。气动工具一般采用气压调整机构（高速控制机构）控制，可使工具工作更为安全、可靠。

气动磨削工具主要用于金属磨削、切割，油漆层的去除，简单除锈、平整，还能用其研磨腻子等工作。如图9-1所示为常见的气动磨削机。

图9-1　气动磨削机

2. 气动切割锯

车身修复、板材分割过程中常用的是气动往复式的切割锯（图9-2），它能代替传统的手工钢锯,多用于金属板材(钢板、铝板等)、金属结构件、各种面板的分割,也可用于非金属板型的切割分离。

3. 气动錾子

如图 9-3 所示为气动錾子,常用于快速进行粗切割作业,能节省大量时间;能破开咬死的减振器螺母、锈死的螺钉等,还可以去除焊接溅出物和破碎焊点。

图 9-2　气动切割锯　　　　　　图 9-3　气动錾子

4. 气动剪

气动剪(图 9-4),可用于切断、修整和剪切塑料、白铁皮、铝片与其他金属板材。

图 9-4　气动剪

5. 气动锉

气动锉(图 9-5)用于快速清理车身、板材、型材表面或沟槽中尖锐的毛刺等作业。

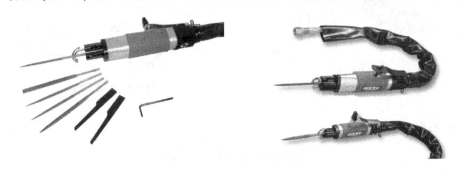

图 9-5　气动锉

6. 焊点转除钻

焊点转除钻可以进行车身电阻点焊焊点的去除分离,有进度限位装置,保证在分离板件的同时不会损坏下层板。如图 9-6 所示为不同种类的气动焊点转除钻。

7. 打孔器

打孔器有手动和气动两种(图 9-7),用于车身板件或普通板件塞焊时,在新板件上打孔作业的操作。

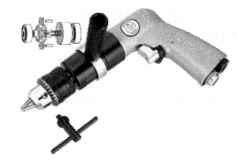

图9-6 焊点转除钻

图9-7 手动和气动打孔器

8. 气动除锈器

气动除锈器如图9-8所示,用于清除金属板或结构件上的锈迹。

9. 气动折边机

气动折边机如图9-9所示,用于车身板件或车门等内外板的折边成形,也可用于普通金属板件的折边成形。

图9-8 气动除锈器　　　　　　　图9-9 气动折边机

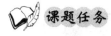

气动工具的安装与试操作

1. 你使用的气动工具名称：_____。

2. 刃口(工作元件)名称：_____,型号/规格：_____。

3. 配用夹紧工具名称及规格(或画出图样)：_____。

4. 安装时工作元件与气动工具的_____(什么位置?)配合,夹紧工具将气动工具的_____(什么位置?),_____(怎么?)夹紧。

5. 压缩空气气压_____ kPa(_____bar),接气前确认气动工具(□是/□否)放置稳固,工具运动件不能触碰其他任何物品。

6. 连接气源时,工具运动件在未按下控制开关前(□是/□否)动作,如已动作,怎么处理?_____。

7. 试运转时要让气动工具工作端_____,不能对准人和其他设备,以防刃口或工作元件飞出,造成事故。

8. 使用气动工具时,要按该工具_____严格执行。手持工具要稳靠,以免切割变形甚至切割到不该切割的位置;在保证能切割的情况下不能用力过猛。

9. 拆下刃口(工作元件)、快速气体接头后应立即_____刃口(工作元件)、气动工具,完整_____气动工具盒内的物品,并及时放回保存。

课题内容

二、气动分割工具使用的一般要求

(一)工具的安装与拆放

气动分割工具一般都具有刃口(工作元件)和压缩空气快速接头的拆装操作要求,以便于更换和保存。

1. 刃口(工作元件)的选择与装配

(1)使用气动分割工具前,要清楚所用工具的刃口(工作元件)规格、型号,要确保正确选用。

(2)安装刃口(工作元件)时,必须使用随机配送的专用夹紧工具,不能只靠手动夹紧。安装完毕还需检查是否安装稳固。

钻头的安装与锁紧如图9-10所示。

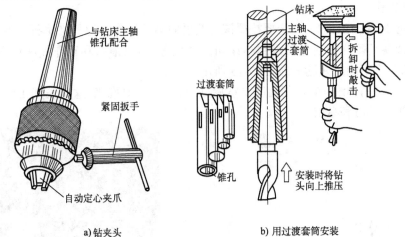

图9-10 钻夹头、过渡套筒安装与锁紧

2. 压缩空气源的连接

(1)确保所用的压缩气源气压正常,若不正常,先检查、修复气源设备或管路。

(2)压缩气管接头与气动工具快速接头连接要确保稳固可靠(图9-11),安装完毕应无漏气现象。在还没有按动控制开关的情况下,气动工具一般不动作,如果已经动作则须马上检查并排除故障,必要时拆除外接气体(图9-12)。

(3)连接后应确保压缩气管不存在折弯现象,以免供气不足或操作过程中突然断气。

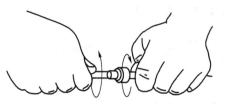

图9-11 安装压缩空气快速接头

图9-12 取下快速接头

3. 气动分割工具的拆放

（1）拆放工具刃口（工作元件）时，要试着用力，不能使用蛮力或用榔头等其他工具硬将其敲出。使用过程中有可能因为强大的作用力将其扳紧，应该根据结构特点使用适当方法将其取出。

（2）压缩气体快速接头断开时应能自动关断气路，若不能断气则需要及时排除快速接头的卡滞现象。

（3）拆下刃口（工作元件）、快速气体接头后应立即清洁刃口（工作元件）、气动工具，完整清点气动工具盒内的物品，并及时放回保存（图9-13）。

（二）气动分割工具的调试与使用

（1）安装、接气完毕，在正式作业之前，应对气动工具进行试运转和调试。试运转时要让气动工具工作端向下倾斜，如图9-14所示，不能对准人和其他设备，

图9-13 经常保持工具的完整和清洁

以防刃口或工作元件飞出，造成事故；试运转后需要调试的应该严格按说明书进行，直到工具能正常工作。

（2）在使用气动工具时，一定要按照该工具说明书的操作规程严格执行。手持工具要稳定可靠，以免切割变形甚至切割到不该切割的位置，造成浪费和工作效率低下；在保证能切割的情况下不能用力过猛，如图9-15所示。

（3）刃口（工作元件）的切割角度要掌握好，切割位置要准确，这是长期工作实践训练出来的，要善于学习和总结。

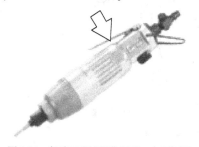

图9-14 气动工具试操作时刃口向下倾斜

图9-15 正确姿势与适当用力

使用气动切割锯切割板材

1. 你将要切割的板材材料为_____，厚度为____mm，准备选用锯条的齿型为_____。

2. 在待切割板材上作好切割位置画线，将其夹紧在虎钳上，锯削位置伸出钳口_____mm

左右。(□是/□否)用木板辅助夹持板件。

3. 安装锯条时,锯齿应_____,(□是/□否)已加力夹紧。

4. 起锯时锯条要_____起锯,先锯外侧,并保持锯条的这种角度。

5. 用木板辅助夹持的板件,待锯到_____时两手要进一步握紧锯身,开始锯削,板材被起锯___mm深以后,锯片角度可以调整到与板件_____。因为:_____。

6. 锯削姿势要求:身体正前方与锯削位置_____,以自己站得最稳、最方便用力的"_____"姿势站立。发力的一只手放置于_____,另一只手放置于_____,控制锯削位置,手的压力以能正常锯削为准,压力不能_____。

7. 锯削临近结束时,为防止锯削出来的工件随锯条飞出或直接掉地,应_____,使工件不至于受损,人员和其他物品不至于被飞出的工件伤害。

8. 锯削作业完成后,你做了哪些收拾整理工作?
_____。

课题内容

三、气动切割锯切割钢板的操作

气动切割锯切割钢板属于锯削作业,是用来分割材料或在工件上进行切槽的操作。下面以锯削钢板为例,说明用气动切割锯进行锯削作业的操作过程。

(1)锯条选择和安装。根据工件材料的硬度和厚度选择合适的气动切割锯专用锯条,安装在气动切割锯的前端,锯齿应向前(图9-16)。所选择的锯条,不能有缺齿或扭曲,否则锯削时易折断。

◇小提示:锯条的选择主要是锯齿粗细的选择,如果锯削铝、铜等软材料或厚的材料时,应选用粗齿锯条;锯削硬钢、薄板及薄壁管子时,应该选用细齿锯条;锯削软钢、铸铁及中等厚度的工件则多用中齿锯条。另外,锯削薄材料时至少要保证2~3个锯齿能同时工作。

以切割1mm左右厚度的薄钢板材料为例,钢板为硬质材料,所以应该选用细齿锯条。

图9-16 锯条的安装

(2)工件的安装与注意事项。当工件安装在虎钳上的时候,锯削位置伸出钳口10mm左右,不应过长。如图9-17所示为参考手锯操作的锯削位置。

当用大力钳将工件夹紧在其他物体上时,锯削位置也应尽量靠近大力钳,以防止锯削时产生振动。锯线应与钳口边缘平行,并处于自己顺手的一边(如常用右手,则锯线处于钳子的右边,如常用左手则锯线处于钳子左边),以便操作。工件一定要夹紧,因为是薄钢板,所以可在钢板两侧分别垫上一块薄木板,并在木板上按要求画出锯削位置线,锯削时连木板一起锯掉(图9-18)。另外,在锯削操作过程中,还应随时防止变形和夹坏已加工的表面。

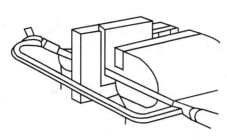
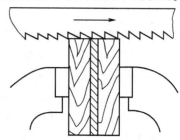

图9-17　锯削位置　　　　　　　　图9-18　薄钢板的夹紧安装

(3) 锯削姿势与握锯。锯削都要求站立姿势:身体正前方与锯削位置对正,以自己站得最稳、最能使力的"弓箭步"姿势站立,如图9-19所示。两手握紧气割锯机体,发力的一只手放置后方,另一只手放置于靠锯条的前方,用来控制锯削位置,保证锯削位置不偏移。两只手的压力以能正常锯削为准,压力不能太大。

(4) 起锯与锯削过程。用木板辅助夹持的钢板,起锯时可让锯条向下倾斜起锯(图9-20),先锯外侧木板,并保持锯条的这种角度,待锯到靠近钢板时两手要进一步握紧锯身,开始锯削钢板件。钢板被起锯2mm深以后,锯片角度可以调整到与钢板垂直(因为气动切割锯的锯条都比较短,所以只能采用木板连同板料一起锯割的方式,不宜使用横向倾斜锯割方式)。锯削快结束时,锯条角度又变倾斜,并注意减小压气动锯的压力,直到锯削作业结束。

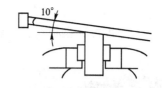

图9-19　锯削姿势　　　　　　　　图9-20　起锯角度

注意:临近结束时,特别小心防止锯削出来的工件随锯条的推拉横向飞出或直接掉落到地上,应该采取例如用手接应等相应预防措施,使工件不至于受损,人员和其他物品不至于被飞出的工件伤害。

(5) 作业后收拾整理。锯削作业完成后,必要时(如果不需要继续切割作业),拆除气源快速接口,拆除锯条;清洁设备并收拾好气管、切割锯、锯条,清点切割锯包装盒,放回保存;并松开虎钳或夹工件用的大力钳,取下工件原件和切割件,将工件原件、大力钳放回原位,切割件单独放置妥当;收拾工作场所,清扫虎钳、地面,将切割件送到下一个需要进一步加工的工位。

课题二　等离子切割设备与操作

课题任务

1. 请通过下面等离子弧切割系统示意图，认识并填写各编号所指的设备或元件名称。

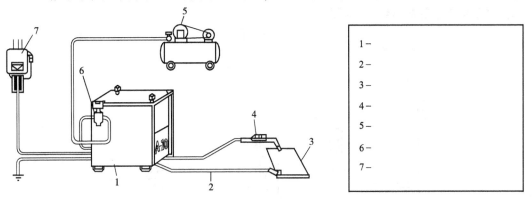

1 —
2 —
3 —
4 —
5 —
6 —
7 —

空气等离子弧切割系统示意图

2. 认识下图切割控制箱前端面板组成，并完成未标注方框内的填写。

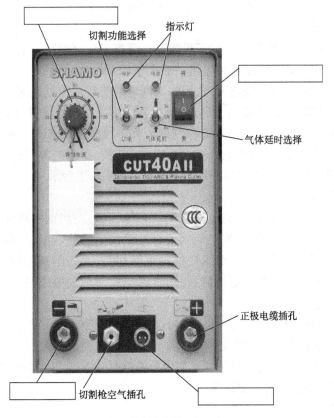

切割控制箱前端面板组成

课题内容

一、等离子切割设备的组成与原理

1. 等离子切割设备的认识

以等离子切割控制箱为主的等离子切割设备由切割电源 7、控制箱 1、割炬（切割枪）4 和供气系统 5、6 等部分组成，如图 9-21 所示。

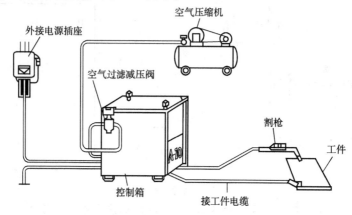

图 9-21　空气等离子弧切割系统示意图

2. 等离子切割设备的结构原理

等离子切割设备的控制装置一般都很简单。等离子切割电弧一般都采用陡降外特性的直流电源，切割用电源的输出空载电压一般大于 150V。根据采用不同电流等级和工作气体而选定空载电压，电流等级越大，选用的切割电源空载电流就越高。等离子切割机的开路电压有可能很高（250～400V），所以切割枪和内部接线的绝缘很重要。

在切割控制箱上，前端通常设置有控制面板和外接装置的接口。控制面板包括电源开关按钮、电流调节旋钮、切割功能开关、气体延时开关、指示灯等，外接口装置有正极电缆接口、负极电缆接口、气体接口和控制开关接口，如图 9-22 所示。

★补充知识：

控制面板有一个可供操作人员改变电流状态的旋钮，当切割裸露的金属或油漆的金属时通过此开关可选择不同的电流。切割带有油漆或生锈的金属时，最好用连续的高频电弧切入不导电的金属表层，然后继续用这种电弧切割；而切割裸露的金属时，只需高频电弧作为触发电弧，当切割枪开始切割后，用直流电弧使切割继续进行下去，对电极和喷嘴的损耗较小。

切割汽车车身零部件的切割枪（图 9-23）体积小、便于操作，能在零部件比较密集的部位工作。切割枪上的两个关键部位——喷嘴和电极是易损件，如果损坏都将影响切割质量。它们在每次切割中都略有损耗，而且如果压缩空气中有水分或切割过厚的材料，或操作者水平太低都会使它们过早地损坏。

★补充知识：

电极又称为"嵌条"，用金属套管将它固定在所需要位置上。电极通常由锆或钨制成，这两种金属的硬度高、使用寿命长。在切割厚度超过 5mm 的钢板时,应该使用钨电极,钨电极适用于除空气以外的其他气体,例如氩气、氮气或氢气,不过在碰撞修理中很少用这几种气体,现在车身修理中用的电极一般是锆电极。

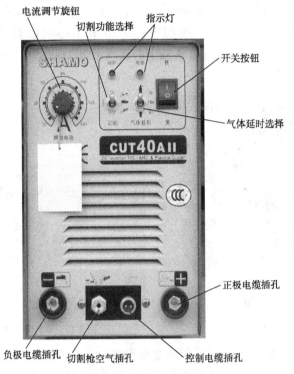

图 9-22 切割控制箱前端面板组成

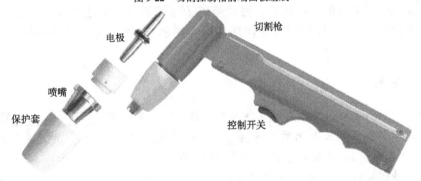

图 9-23 等离子弧切割枪

等离子切割设备由机内或机外空气压缩机供应压缩空气(图 9-24),也可以采用压缩空气气瓶供气。空气要求干燥、清洁。为了减少污染,在气路上应安装过滤器。空气压力一般应在 0.3~0.5MPa,气压过高或过低都将降低切割质量、损坏电极或喷嘴,并降低等离子切割能力。

二、等离子切割设备的工作特点

在现代汽车中,大量应用高强度钢和超高强度钢。这类钢材的硬度、强度非常大,用切割锯、气割钻时切割效率不高,而使用氧乙炔切割会产生大量的热从而破坏金属内部的结构和性能,也不能够在现代汽车中使用。

等离子切割设备是用等离子弧来切割金属的。等离子弧是一种压缩电弧,是通过磁收缩方式获得的,弧柱电流本身产生的磁场对弧柱有压缩作用(磁收缩效应)。电流密度越大,磁收缩作用越强。由于弧柱断面被压缩得很小因而能量集中(能量密度可达100 000~1 000 000W/cm^2),温度高(弧柱中心温度近20 000~30 000℃),焰流速度大(可达300m/s以上),如图9-25所示。

图9-24 (机外)空气压缩机

图9-25 等离子切割设备的工作

等离子弧柱的温度高,远远超过所有金属和非金属的熔点。瞬间能加热和熔化被切割的金属却不会使金属板过热,并借助内部或外部的高速气流吹走熔化的材料,直到等离子气流束穿透金属板而形成切割口。因此等离子弧切割过程不是依靠氧化反应,而是靠熔化来切割材料,因而比氧切割方法使用范围大得多,能够切割绝大部分金属和非金属材料。

课题任务

1. 等离子切割控制箱和压缩空气连接处的最大输送管压力为_____MPa。

2. 等离子切割控制箱电源插头连接____V的交流电源,____极夹钳连接到汽车的清洁表面,以便形成回路,连接处应尽量靠近切割部位。

3. 等离子弧被触发前,应先将切割喷嘴与工件的导电部分_____,切割喷嘴与工件表面_____。起弧后,立即退回切割枪,不需要切割喷嘴与工件保持接触。

4. 切割的速度由金属的_____决定。切割枪移动过快,将不能切透工件;切割枪移动太慢,会有_____传入工件,还可能熄灭等离子弧。

5. 切割厚度在3mm以上时,切割枪与工件最好成_____角。因为在切割较厚的材料时,切割枪垂直,火花将被射回到气体喷射器中,会堵塞各气孔并极大地缩短气体喷射器的寿命。

6. 要保证切割枪的冷却。完成一次切割后,应_____切割枪开关,以防止喷嘴和电极过热。

7. 切割厚度 6mm 以上的材料时,最好先从材料的_____开始切割。

8. 在切割过程中,喷出的火花会损坏油漆表面,在玻璃上留下凹点,火花与亮光会伤害人体,可用_____来保护这些地方。

课题内容

三、等离子切割设备的操作过程

(1)将等离子切割控制箱连接到一个清洁、干燥的压缩空气源上,切割控制箱和压缩空气连接处的最大输送管压力为 0.3~0.5MPa。

(2)将切割枪的压缩气管、搭铁线电缆、控制线连接到等离子切割控制箱上(图 9-26)。将等离子切割控制箱电源插头连接到符合规定的电源上,然后将正极夹钳连接到汽车的一个清洁表面,以便形成回路,连接处应尽量靠近切割部位。

(3)在等离子弧被触发之前,应先将切割喷嘴与工件上一个导电部分相接触(图 9-27)。这样,当等离子弧被触发以后,就很容易切入涂有油漆的表面。

注意:必须进行这项操作,以符合安全流程的要求。

图 9-26 线缆的连接

(4)拿起切割枪,使切割喷嘴与工件表面垂直,向下推动切割枪,这将迫使切割喷嘴向下移动,直到与工件电极相接触。这时,等离子弧被触发,然后立即退回切割枪,让切割喷嘴返回到原来的位置。当等离子被触发后,不需要切割喷嘴与工件保持接触(图 9-28)。不过,两者保持接触会使切割更容易进行。

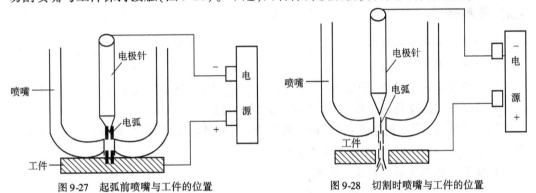

图 9-27 起弧前喷嘴与工件的位置　　图 9-28 切割时喷嘴与工件的位置

注意:经常这样操作,切割枪的电极和喷嘴非常容易损坏,要及时更新。

(5)开始在金属板需要切割的部位移动切割枪,切割的速度由金属的厚度决定。如果移动切割枪过快,将不能切透工件;如果切割枪移动太慢,将会有太多的热量传入工件,而且还可能熄灭等离子弧。

四、使用等离子切割设备的注意事项

(1)当切割厚度在 3mm 以上时,最好使切割枪与工件成 45°角。因为,如果在切割较厚的材料时,切割枪与工件保持垂直,火花将被射回到气体喷射器中,这时融化的金属可

能会附着到气体喷射器上,会堵塞各气孔并极大地缩短气体喷射器的寿命。

(2)切割枪的冷却对延长电极和喷嘴的寿命非常重要。完成一次切割后,在开始下一次切割前,应关闭切割枪开关,让空气连续几秒流过炬,以防止喷嘴和电极过热。

(3)在进行长距离的直线切割时,将一个金属的靠尺夹到工件上,保证直线(图9-29)。

(4)当需要切割复杂的形状时,可用薄木板做一个样板,让喷嘴沿着样板进行切割。

(5)切割厚度6mm以上的材料时,最好先从材料的边缘开始切割。

(6)修理锈蚀的部分时,可将新的金属材料放在锈蚀的部位上面,然后切割补上去的金属,同时也将生锈的部分切除掉。在后侧板上进行连接时,也可采用这种方法。

(7)在切割过程中,从切割电弧中喷出的火花会损坏油漆的表面,火花还会在玻璃上留下凹点,火花与亮光会伤害人体,可用防护套来保护这些地方(图9-30)。

图9-29 用金属靠尺夹保证切割直线

图9-30 用防护套保护下层工件的表面

课题任务

1. 你使用的等离子设备名称:_____,型号:_____。

2. 你所切割的钢材型号:_____,厚度:_____ mm。

3. 你所使用的电源为(□直流/□交流)_____V;压缩空气气压为_____kPa。

4. 请确认下列管线的连接,并在其前面的"□"内画"√":
□正极电缆;□负极电缆;□切割枪空气管;□控制电缆;□外接电源;□外接压缩空气。其中_____电缆线连接到工件。

5. 按下图的零件顺序组装切割枪。

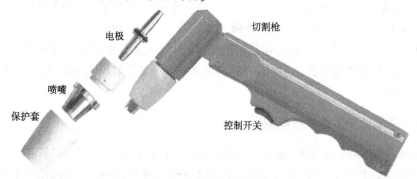

6. 切割开机前,你做了哪些检查?

_____

_____

_____

_____。

7. 切割过程中,应充分作好如下防护准备:防触电;防_____;防弧光辐射;防烟气;防_____;设备故障处理。

8. 作业后请按照下面的要求做好收拾整理工作:

(1) _____。

(2) 关闭_____,将电流旋钮调回到"_____"位。

(3) 将气源快速接口拆除,拔掉外接电源线,拆除切割枪相关管线,拆除_____,清洁设备并收拾好线、管、切割枪,放回原位。

(4) 拆除_____。

(5) 收拾工作场所,清扫地面,将切割件送到_____工位。

课题内容

五、用等离子切割设备切割角钢的操作流程与实践

(一) 设备安装操作

1. 输入电源的连接

等离子切割设备的每台切割机都配有一条电源线,应根据切割机的输入电压将电源线接到相应的外电源等级上(图9-31)。

注意:

(1) 切勿错接电压等级,否则将使控制箱内元器件烧损。

(2) 电源线与电源开关或接线柱要接触良好,防止氧化,最好用仪表测量一下电源是否在波动范围内。

2. 输出管线的连接

(1) 切割枪管线的连接。将切割枪另一端管线上的铜螺母与切割机控制箱前面板的气电一体输出插孔相连,并顺时旋紧,防止漏气;将负极电缆线的快速插头与切割机控制箱前面板的负极电缆插孔连接并旋紧;再将切割枪控制开关线插头与控制箱前面板的控制电缆插孔连接。相关插孔如图9-32所示。

图9-31 将电源线接到外接电源

(2) 正极电缆的安装。将正极电缆线快速插头接到控制箱前面板的正极电缆插孔中,并顺时针旋紧;正极电缆的另一头夹在工件上清洁导电的地方。

3. 切割枪的安装

按顺序将电极旋入割炬,旋到底后稍用力拧紧。然后把喷嘴、保护套依次准确安装到位,并用力拧紧。切割枪零部件安装如图9-23所示。

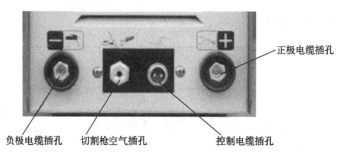

图 9-32 输出管线接口

4. 压缩空气管的连接

将空气压缩机来的压缩空气管快速接头与控制箱上进气口(如图 9-33 中"铜气嘴"的位置)连接,并通过调压旋钮和压力表将所需气压调到规定气压值。

◇ 小提示：压缩空气的调节方法,是将调压旋钮先向上提,然后旋转旋钮调节(向"+"方向旋转增加气压,反之减小气压),调好后压下调节旋钮。常用的压缩空气压力为 0.3 ~ 0.5MPa。

(二)开机前检查

(1)检查切割设备是否按标准做了可靠搭铁。
(2)全部连接点是否连接可靠,接触是否良好。
(3)输入电源所接的电压是否符合该设备的供电标准。
(4)接线电缆、导气管无磨损、无断线、无折弯。
(5)检查并调节压缩空气,通过进气口调压旋钮将压缩空气调至所需压力(可调到 0.4MPa 左右),打开压缩空气阀备用。

◇ 小提示：合适的压缩空气压力会降低喷嘴、电极的损耗和提高切割能力。

(三)工件准备

将待切割的角钢原件用大力钳夹紧在固定支架上,并将从控制箱接出来的正极电缆线夹可靠夹紧在角钢原件上(图 9-34)。测量并刻画好待切割区域。

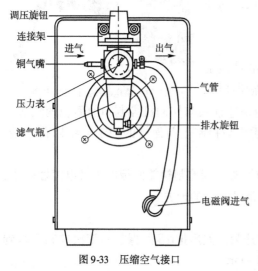

图 9-33 压缩空气接口　　图 9-34 将正极电缆线夹夹紧在角钢上并刻画待割位置

(四)安全防范

在切割过程中,可能会给人员造成伤害,应充分做好防护准备。

(1)防触电。外接电源应用标准配电系统,并安装好接地装置;确保操作者皮肤不裸露,手套、衣服不湿水,人与地面、工件间保证处于绝缘状态。

(2)防火灾。切割产生的火花可能会导致失火,操作前需确认切割工位附近没有易燃物,并检查工位是否放置有灭火器,灭火器确保能正常使用。

(3)防弧光辐射。切割产生的弧光辐射可能损害到人的眼睛,对皮肤有灼伤的危险。操作者须使用合适的面罩,并穿上防护服,工位区域留有备用的面罩或用帘保护旁观者不受伤害。

(4)防烟气。切割工位应具有通风或抽气装置,以保持工作环境空气流通;操作者要让头部处于烟气之外,避免吸入废气。

(5)防噪声。过度的噪声对人的听力有害。所以操作者或旁观者都应使用耳朵护罩或戴上其他听力保护装备(图9-35)。

(6)设备故障处理。如果在安装或操作使用设备时,遇到困难或产生故障,一定要按照设备说明书的相关内容进行排查,不理解或仍不能解决问题,则须要专业人员的帮助。

(五)开机与切割操作

(1)找到控制箱前端面板的电源开关,将电源开关按钮打到"ON"或"开"的位置,面板上绿色的电源指示灯应点亮(图9-22)。

(2)根据切割工件的厚度,通过电流调节旋钮将切割电流调整到所需电流挡(图9-36)。

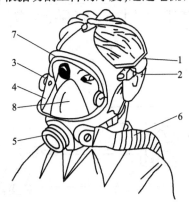

图9-35 防护面罩

1-头带;2-护耳罩;3-手柄;4-眼窗玻璃;5-传声器和防尘罩;6-呼吸管;7-橡胶防护圈;8-阻水罩

图9-36 切割电流调节旋钮

◎小提示:角钢厚度为4~5mm时,属于中等厚度和硬度的钢材,可将电流调至"85"左右的区域。

(3)切割枪试操作,拿起切割枪,按下切割枪上的控制按钮,此时控制箱内电磁阀动作,机内能听到高频引弧放电声,同时切割枪喷嘴有压缩气体流出。

注意:控制箱电源开启之后,任何时候不许将切割枪枪口对准自己或他人,或者自己凑近枪口观察。

(4)切割操作,将切割枪的铜嘴保护套与工件切割处接触,割炬与工件夹角保持45°

角。按下切割枪上的控制按钮引燃起弧,之后适当提高割炬,让其距离工件1mm左右,即可根据所刻画的切割位置进行切割作业(图9-37)。

◎小提示:当切割进行到一半时,停下切割作业,用另一把大力钳将欲切出工件的已切除部分夹持在未切除原工件上,防止切割作业完成时工件直接掉落到地上。

（六）作业后收拾整理

(1)将电源开关关闭,再将切割枪平稳放下。
(2)关闭压缩空气阀,将电流旋钮调回到"0"位。
(3)必要时(如果不需要继续切割作业),将气源快速接口拆除,拔掉外接电源线,拆除切割枪相关管线,拆除正级电缆,清洁设备并收拾好线、管、切割枪,放回原位。
(4)拆除夹工件用的大力钳,取下工件原件和切割件,将工件原件、大力钳放回原位,切割件单独放置妥当。
(5)收拾工作场所,清扫地面,将切割件送到下一个需要进一步加工的工位。

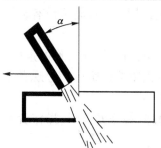

图9-37 切割枪的位置与夹角

课题三 二氧化碳气体保护焊设备与操作

课题任务

1. 熔化极气体保护电弧焊焊接设备可分为＿＿＿＿＿和＿＿＿＿＿两种类型。
2. 请将下图半自动CO_2气体保护焊设备各组成部分(方框内)名称填写完整。

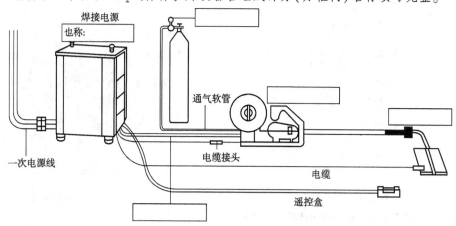

3. 供气装置包括＿＿＿＿＿、预热器、干燥器、减压阀、＿＿＿＿＿、电磁气阀等。
4. CO_2保护焊用的CO_2气体为液态瓶装,常温下标准瓶满瓶压力为＿＿＿＿＿MPa,低于＿＿＿＿＿MPa时,不能继续使用。焊接用的CO_2气体纯度要求＿＿＿＿＿%以上。
5. 为防止产生气孔和减少飞溅,必须选用含脱氧元素的＿＿＿＿＿钢焊丝。以Si、Mn联合脱氧,碳含量一般限制在＿＿＿＿＿%以下。
6. H08Mn2SiA使用较多,主要用于低碳钢和＿＿＿＿＿钢的焊接;H04Mn2SiTiA含碳量很低,而且含有0.2%～0.4%的钛元素,抗气孔能力强,用在＿＿＿＿＿要求高的焊缝上。

一、二氧化碳(CO_2)气体保护焊机

熔化极气体保护电弧焊焊接设备可分为半自动焊和自动焊两种类型。

二氧化碳(CO_2)气体保护焊机属于熔化极气体保护电弧焊焊接设备之一,有半自动焊(图9-38)和自动焊两种类型,由焊接电源、送丝机构、焊炬和行走系统(自动焊)、供气系统和冷却水系统、控制系统等部分组成。

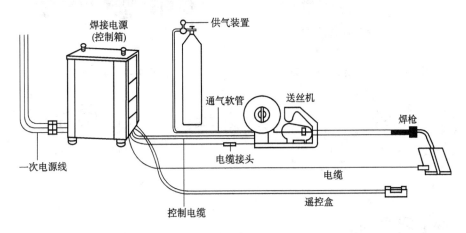

图9-38 半自动 CO_2 焊设备组成

1. 电源

CO_2气体保护焊机的电源大都为直流电源。目前应用的有硅整流和逆变电源两大类。其电源外特性为平特性。这是因为平特性配合等速送丝系统有许多优点,可通过改变电源空载电压调节电弧电压;改变送丝速度调节焊接电流。焊接规范的调节比较方便。焊机的电源箱如图9-39所示。

焊机的额定功率取决于焊件要求的电流范围。一般对电源的电流调节范围在15~500A之间,电源负载率在60%~100%范围内空载电压应在55~85V之间。

2. 送丝机构、行走机构和焊炬

通常送丝机构、行走机构和焊炬是组装在一起的,称为焊接小车(图9-40)。半自动CO_2气体保护焊机中没有行走机构,其他部分基本与自动焊相同。

CO_2气体保护自动焊的送丝机构与埋弧自动焊基本相同,但前者要求有较大的送丝速度调节范围,对于均匀调节式送丝机构,其弧压自身调节系统的系数应取得大些。

CO_2气体保护半自动焊的送丝方式有推式、拉式、推拉式等三种(图9-41)。其送丝机构有单主动轮、双主动轮、两极主动轮、三钢球及三滚轮等几种。以滚轮压紧式应用最为普遍。

送丝系统通常由送丝机(包括电动机、减速器、校直轮、送丝机)、送丝软管、焊丝盘等组成(图9-41)。

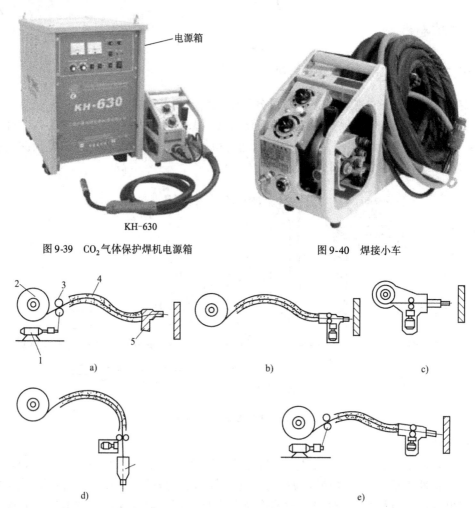

图 9-39 CO_2 气体保护焊机电源箱　　　图 9-40 焊接小车

图 9-41 送丝系统
a) 推丝式; b)、c)、d) 拉丝式; e) 推拉丝式
1-电动机; 2-焊丝盘; 3-送丝滚轮; 4-送丝软管; 5 焊枪

延伸阅读

CO_2 气体保护自动焊及半自动焊的焊炬,一般应具备导电、导丝和导气功能。为了满足这些要求,从结构上要考虑以下几点。

(1) 焊气的进气方式有两种,即径向进气和轴向进气,以径向进气为好。

(2) 进气孔应设在焊炬上部,且进气后有缓冲室,气路中装设筛流圈(筛流圈上有网孔)或铜丝网。气路尽可能长些,以防止气流紊乱。

(3) 喷嘴的形状以 7°锥角和圆柱形末端为佳。喷嘴孔径一般为 16~26mm,喷嘴末端圆柱部分长度应不小于 1.5 倍的喷嘴直径。

(4) 喷嘴应与导电部分绝缘。

(5) 半自动焊用焊炬要轻便灵活,可达性好。

(6)当焊接电流较大时,应采用水冷焊炬。

CO_2气体保护半自动焊炬的结构形状见图9-42。

3. 供气装置

供气装置如图9-43所示,包括CO_2钢瓶1、预热器2、干燥器3、减压阀4、流量计5、电磁气阀6等。

二氧化碳气体保护焊用的CO_2气体,大部分为工业副产品,经过压缩成液态装瓶供应。在常温下标准瓶满瓶时,压力为$5\sim 7MPa(50\sim 70kgf/cm^2)$。低于1 MPa(10个表压力)时,不能继续使用。焊接用的CO_2气体,一般技术标准规定的纯度为99%以上,使用时如果发现纯度偏低,应作提纯处理。

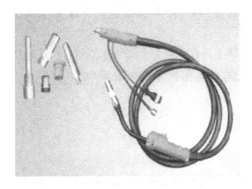

图9-42 半自动焊炬

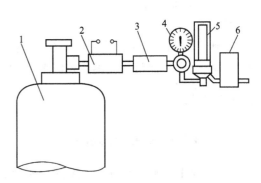

图9-43 气装置示意图

1-CO_2钢瓶;2-预热器;3-干燥器;4-减压阀;5-流量计;6-电磁气阀

4. 常用CO_2气体保护焊丝

从CO_2气体保护焊的冶金特点看,要想得到较高的机械性能,防止产生气孔和减少飞溅,必须选用含脱氧元素的低碳高锰合金钢焊丝(图9-44)。以Si、Mn联合脱氧,碳含量一般限制在0.15%以下。

二氧化碳气体保护焊进行低碳钢和低合金钢焊接时,为保证焊缝具有较高的机械性能和防止气孔产生,必须采用含锰、硅等脱氧元素的合金钢焊丝,同时还应限制焊丝中的含碳量。其中H08Mn2SiA使用较多,主要用于低碳钢和低合金钢的焊接;H04Mn2SiTiA含碳量很低,而且含有0.2%~0.4%的钛元素,抗气孔能力强,用在对致密性要求高的焊缝上。

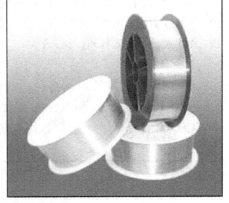

图9-44 CO_2气体保护焊丝

 课题任务

1. CO_2保护焊焊接一般材料时,采用_____方式,即焊件接阴极、焊丝接阳极。

2. 目前国内普遍采用的焊丝直径是_____mm、_____mm、_____mm和1.6mm几种。焊接薄板或中厚板的立、横、仰焊缝时,多采用直径1.6mm以下的焊丝。3mm以上的焊丝应用得较少。

3. 在实际生产中,如果应用0.8mm的焊丝,焊接电流应该调整在_____A之间;如果应用1.2mm的焊丝,电弧电压应该调整在_____V之间。

4. 细丝焊接时,CO_2气体流量调节为_____L/min;粗丝焊接时,流量调为_____L/min。

5. 焊接速度过快,气体的保护作用就会受到破坏,降低焊缝的_____,而且使焊缝成形不良。焊接速度太慢,焊缝_____就会明显增加,容易烧穿。半自动焊时,速度在_____m/h范围内调整。

6. 0.8mm细丝CO_2气体保护焊,焊丝伸出导电嘴的长度为_____mm。

7. 焊枪倾角小于_____°时,不论是前倾还是后倾,对焊接过程及焊缝成型都没有明显的影响。

8. 通常焊工都习惯用右手持焊枪,而采用左焊法时(从右向左焊接),不仅可得到较好的焊缝成型,而且能清楚观察和控制熔池,因此CO_2气体保护焊通常采用_____。

课题内容

二、CO_2气体保护焊的规范参数

CO_2气体保护焊的规范参数包括电源极性、焊丝直径、电弧电压、焊接电流、气体流量、焊接速度、焊丝伸出长度、直流回路电感等。

1. 电源极性

CO_2气体保护焊焊接一般材料时,采用直流反接(反极性),即焊件接阴极、焊丝接阳极。这种接法可使焊接过程稳定、飞溅小、熔深大。

在进行大电流高速焊接、堆焊和铸铁补焊时,应采用直流正接(正极性),即焊件接阳极、焊丝接阴极。在焊接电流相同时,焊丝熔化快(其熔化速度是反性的1.6倍),熔深较浅,余高大,稀释较小,但飞溅较大。

2. 焊丝直径

CO_2气体保护焊的焊丝直径一般可根据表选择。目前国内普遍采用的焊丝直径是0.8mm、1.0mm、1.2mm和1.6mm几种。直径为3~4mm的粗丝有些厂矿也正在使用。

CO_2气体保护焊焊丝直径选用可参考表9-1进行。

焊丝直径的选择　　　　　　表9-1

焊丝直径(mm)	母材厚度(mm)	施焊位置	熔滴过渡形式
0.8	1~3	各种位置	短路过渡
1.0	1.5~6	各种位置	短路过渡
1.2	2~12	各种位置	短路过渡
	中厚	平焊、横角	细颗粒过渡
1.6	6~25	各种位置	短路过渡
	中厚	平焊、横角	细颗粒过渡
2.0	中厚	平焊、横角	细颗粒过渡

焊丝直径越大,允许使用的焊接电流越大。通常根据焊件的厚薄、施焊位置及效率等要求来选择。焊接薄板或中厚板的立、横、仰焊缝时,多采用直径1.6mm以下的焊丝。3mm以上的焊丝应用得较少。

3. 电弧电压和焊接电流

对于一定直径的焊丝来说,在二氧化碳气体保护焊中,采用较低的电弧电压、较小的焊接电流焊接时,焊丝熔化所形成的熔滴把母材和焊丝连接起来,呈短路状态称为短路过渡。大多数二氧化碳气体保护焊工艺都采用短路过渡焊接。

当电弧电压较高、焊接电流较大时,熔滴呈小颗粒飞落称为颗粒过渡。直径1.6mm或2.0mm的焊丝自动焊接中厚板时,常采用这种过渡。直径0.6~1.2mm的焊丝主要采用短路过渡,随着焊丝直径的增加,飞溅颗粒的数量就相应增加。当采用直径1.6mm的焊丝,仍保持短路过渡时,飞溅就会非常严重。

焊接电流与电弧电压是关键的工艺参数。为了使焊缝成形良好、飞溅减少、减少焊接缺陷,电弧电压和焊接电流要相互匹配,通过改变送丝速度来调节焊接电流。飞溅最少时的典型工艺参数和生产所用的工艺参数范围详见表9-2。

二氧化碳气体保护焊工艺参数　　　　　　表9-2

焊丝直径(mm)	典型工艺参数		生产上所用工艺参数	
	电弧电压(V)	焊接电流(A)	电弧电压(V)	焊接电流(A)
0.8	18	100~110	18~24	60~160
1.2	19	120~130	18~26	80~260
1.6	20	140~180	20~28	160~310

每种直径的焊丝都有一个合适的焊接电流范围,只有在这个范围内的焊接过程才能稳定进行。实际应用当中,通常直径在0.8~1.6mm的焊丝,短路过渡的焊接电流在40~230A的范围调整;细颗粒过渡的焊接电流在250~500A范围内调整。

小电流焊接时,电弧电压过高,金属飞溅将增多;电弧电压太低,则焊丝容易伸入熔池,使电弧不稳。在大电流焊接时,若电弧电压过大,则金属飞溅增多,容易产生气孔;电压太低,则电弧太短,使焊缝成形不良。

延伸阅读

上述提到的电弧电压与焊接电压是两个不同的概念,不能混淆。电弧电压是在导电嘴与焊件间测得的电压,而焊接电压则是在电焊机上电压表显示的电压。显然焊接电压与电弧电压高,但对于同一台电焊机来说,当电缆线长度和截面不变时,它们之间的差别是一定的,特别是当电缆较短、截面较粗时,可用焊接电压代替电弧电压。当电缆线长度较长时,严格地说,电焊机电压表上的电压读数只是焊接电压,而电弧电压则需要计算或者估计出来。

短路过渡时,熔滴在短路状态一滴一滴地过渡,熔池较黏,短路频率为5~100Hz,通常电弧电压为18~28V。电弧电压过高或过低对焊缝成型、飞溅、气孔及电弧的稳定性都有不利影响,所以实际应用中,要根据经验精确计算或估算出合适的电弧电压。

4. 气体流量

二氧化碳气体流量与焊接电流、焊接速度、焊丝伸出长度及喷嘴直径等有关。气体流量应随焊接电流的增大、焊接速度的增加和焊丝伸出长度的增加而加大。一般二氧化碳气体流量的范围为：细丝焊接时，流量为 5～15L/min；粗丝焊接时，流量为 20～25L/min。

如果二氧化碳气体流量太大，由于气体在高温下的氧化作用，会加剧合金元素的烧损，减弱硅、锰元素的脱氧还原作用，在焊缝表面出现较多的二氧化硅和氧化锰的渣层，使焊缝容易产生气孔等缺陷；如果二氧化碳气体流量太小，则气体流层挺度不强，对熔池和熔滴的保护效果不好，也容易使焊缝产生气孔等缺陷。

5. 焊接速度

随着焊接速度的增大，则焊缝的宽度、余高和熔深都相应地减小。如果焊接速度过快，气体的保护作用就会受到破坏，同时使焊缝的冷却速度加快，这样就会降低焊缝的塑性，而且使焊缝成形不良。反之，如果焊接速度太慢，焊缝宽度就会明显增加，熔池热量集中，容易发生烧穿等缺陷。

一般情况，半自动焊时，焊接速度在 5～60m/h 范围内调整。

6. 焊丝伸出长度

焊丝伸出导电嘴的长度增加，使焊丝的电阻值增加，造成焊丝熔化速度加快，当焊丝伸出长度过长时，因焊丝过热而成段熔化，结果使焊接过程不稳定、金属飞溅严重、焊缝成形不良和气体对熔池的保护作用减弱；反之，当焊丝伸出长度太短时，则焊接电流增加，并缩短了喷嘴与焊件之间的距离，使喷嘴过热，造成金属飞溅物黏住或堵塞喷嘴，从而影响气流的流通。一般，细丝二氧化碳气体保护焊，焊丝伸出长度为 5～15mm（表9-3）；粗丝二氧化碳气体保护焊，焊丝伸出长度为 10～20mm。

表9-3 丝伸出长度的允许值（单位：mm）

焊丝直径 \ 焊丝牌号	H08Mn2Si	H06Cr19Ni9Ti
0.8	6～12	5～19
1.0	7～13	6～11
1.2	8～15	7～12

焊丝伸出长度可以通过导电嘴与焊件的距离确定，导电嘴与焊件的距离则根据焊接电流进行选择，如图9-45 所示。

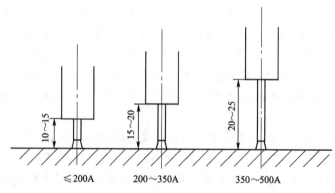

图9-45 喷嘴与工件间距与焊接电流的关系

7. 焊枪角度

焊枪的倾角也是不容忽视的因素。当焊枪倾角小于10°时,不论是前倾还是后倾,对焊接过程及焊缝成型都没有明显的影响;但倾角过大(如前倾角大于25°)时,将增加熔宽并减小熔深,还会增加飞溅。

焊枪倾角对焊缝成型的影响如图9-46所示。

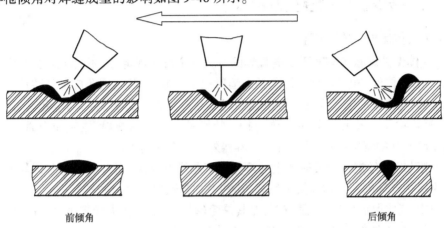

图9-46 焊枪倾角对焊缝成形的影响

从图9-46可以看出,当焊枪与焊件成后倾角时,焊缝窄,余高大,熔深较大,焊缝成型不好;当焊枪与焊件成前倾角时,焊缝宽,余高小,熔深较浅,焊缝成型好。

通常焊工都习惯用右手持焊枪,采用左焊法时(从右向左焊接),焊枪采用前倾角,不仅可得到较好的焊缝成型,而且能够清楚地观察和控制熔池,因此CO_2气体保护焊时,通常采用左焊法。

8. 直流回路电感

在焊接回路中,为使焊接电弧稳定和减少飞溅,一般需串联合适的电感。当电感值太大时,短路电流增长速度太慢,就会引起大颗粒的金属飞溅和焊丝成段炸断,造成熄弧或使起弧变得困难;当电感值太小时,短路电流增长速度太快,会造成很细颗粒的金属飞溅,使焊缝边缘不齐,成形不良。再者,盘绕的焊接电缆线就相当于一个附加电感,所以一旦焊接过程稳定下来以后,就不要随便改动。

课题任务

1. CO_2气体保护焊电弧光辐射比手工电弧焊强,高温下会产生对人体有害的烟尘和有毒气体,特别在容器内施焊时,更应加强_____。

2. 二氧化碳气瓶外表为白色,并有黑色"二氧化碳"字样,满瓶压力为_____MPa,工作剩余压力不小于_____MPa。

3. 收弧过快,易在熔坑处产生裂纹和气孔,应在熔坑处稍停留,然后慢慢抬焊炬,并在接头处使首层焊缝厚重叠_____mm。

4. 对接平焊和横焊,应使焊炬稍作倾斜,用_____焊法,坡口看得清,不易焊偏。

5. 立焊有两种焊法,一种是_____焊接,另一种是由下向上焊接。仰焊应采用细焊

丝、小电流、低电压、短路过渡,当熔滴有下淌趋势时,焊炬可以_____,以保证焊缝外形平整。

课题内容

三、CO_2气体保护电弧焊安全操作技术

1. CO_2气体保护焊的注意事项

CO_2气体保护焊除应遵守手工电弧焊的有关安全操作规定外,还应注意以下几点:

(1) CO_2气体保护电弧焊接时,电弧光辐射比手工电弧焊强,因此应加强防护。

(2) CO_2气体保护电弧焊在焊接电弧高温下会产生对人体有害的烟尘和有毒气体,如臭氧、氮氧化物及一氧化碳等,应加强防护。特别是在容器内施焊,更应加强通风,可使用能供给新鲜空气的特殊面罩(图9-47)。容器外应有专人监护。

(3) 用药芯焊丝进行焊接时产生的烟雾比实芯焊丝要大,而自保护药芯焊丝产生的烟雾比使用保护气体的药芯焊丝要大得多,应注意加强通风及个人防护。

(4) CO_2气体保护焊时,飞溅较多,尤其是粗丝焊接,更产生大颗粒飞溅,焊工应有完善的防护用具,防止灼伤人体,而且更应加强防火措施(图9-48)。

图9-47 有毒气体防护

图9-48 强光与飞溅物防护

(5) 大电流粗丝熔化极气体保护焊接时,应防止焊枪水冷系统(图9-49)漏水破坏绝缘,发生触电事故。

(6) 二氧化碳气体加热器所使用的电压不得高于36V。

(7) 二氧化碳气瓶外表为白色,并有黑色"二氧化碳"字样(图9-50)。满瓶压力为5~7MPa,工作剩余压力不小于1MPa。

(8) 气瓶的使用应遵守《气瓶安全监察规程》的规定。

2. 半自动二氧化碳气体保护焊的注意事项

半自动二氧化碳气体保护焊的操作技术与焊条电弧焊相近,而且比焊条电弧焊容易掌握。半自动二氧化碳气体保护焊的操作工艺应注意以下问题:

(1) 由于平外特性电源的空载电压低,又是光焊丝,所以在引弧时,电弧稳定燃烧点不易建立,焊丝易产生飞溅。又因工件始焊温度低,在引弧处易出现缺陷。一般采用短路引弧法,引弧前要把焊丝端头剪去,因为熔化形成的球形端头在重新引弧时会引起飞溅;引弧时要选好位置,采用倒退引弧法。

(2) 收弧过快,易在熔坑处产生裂纹和气孔,收弧的操作要比焊条电弧焊严格。应在熔坑处稍作停留,然后慢慢抬起焊炬,并在接头处使首层焊缝厚重叠 20~50mm。

(3) 对接平焊和横焊,应使焊炬稍作倾斜,用左向焊法,坡口看得清,不易焊偏。在角焊时左焊法和右焊法都可以采用(图 9-51)。

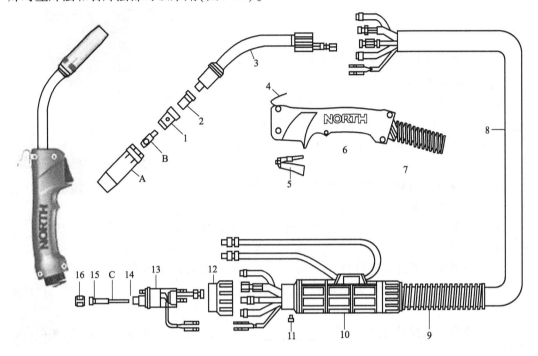

图 9-49 焊枪水冷系统
A—锥喷嘴;B—导电嘴;C—送丝软管
1—分流器;2—导电嘴座;3—弯枪颈;4—挂钩;5—扳机;6—前枪壳;7—前弹簧护套;8—电缆总成;9—后弹簧护套;10—后枪壳;11—螺钉;12—插件锁母;13—插头;14、15—O 形圈;16—螺母

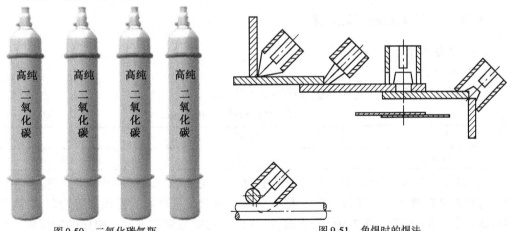

图 9-50 二氧化碳气瓶　　　　　　　　图 9-51 角焊时的焊法

(4) 立焊(垂直焊)和仰焊。立焊有两种焊法,一种是由上向下焊接,速度快,操作方便,焊缝平整美观;但熔深较小,接头强度较差,适用于不作强度要求的焊缝。另一种是由下向上焊接,焊缝熔深较大,加强面高,但外形粗糙(图 9-52)。仰焊应采用细焊丝、小电

流、低电压、短路过渡,以保持焊接过程的稳定性;CO_2 气体流量要比平焊、立焊时稍大一些;当熔池温度上升,熔滴有下淌趋势时,焊炬可以前后摆动,以保证焊缝外形平整。

课题任务

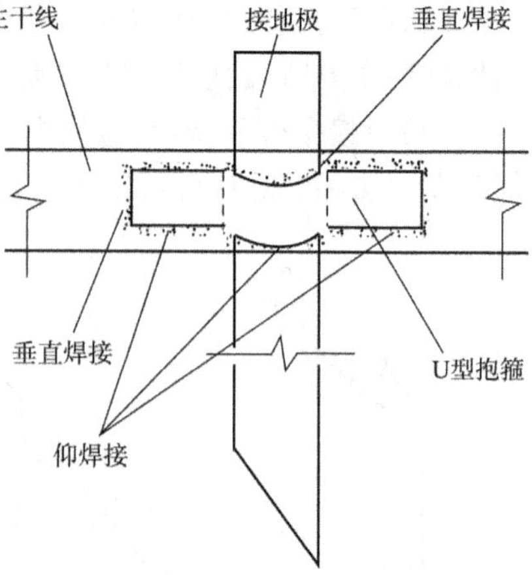

1. CO_2 焊接角钢的直径为 3mm 时,你准备选用_____mm 的焊丝。

2. 焊丝表面必须_____,焊丝的镀铜层要_____,不应有毛刺、划痕、锈蚀和氧化皮等,也不应有对焊接性能或焊接设备操作性能具有不良影响的杂质。

图 9-52 立焊(垂直焊)与仰焊位置示意图

3. 需要焊接的角钢件应使用大力钳定位稳固。一般先_____成形,经_____的零部件符合图纸要求后,再焊接。

4. 钻焊最小孔径应_____加 8mm;对接头和角接头焊接,根部间隙最大为_____mm;对接焊缝高不得超过_____mm,并缓和过渡到母材面的平面。

5. 焊缝或单个焊缝表面的凸度,去除焊渣后不得超过实际表面宽度的_____mm。

6. 零部件的焊口及附近表面的检查,应清理干净,无_____,无_____、油、锈等杂物。

7. 检查焊缝质量时,不允许有_____、_____、_____和咬边等缺陷,若有应及时处理。

8. 用拉伸法检查焊接强度时,其拉伸强度不低于_____MPa。

课题内容

四、用 CO_2 焊接角钢的工艺流程

(一)准备工作

1. 焊丝

(1)焊丝的选择:焊丝直径的选择按表 9-4 进行。

焊丝直径的选择(单位:mm) 表 9-4

母材厚度	≤4mm	>4mm
焊丝直径	0.5~1.2	1.0~1.6

(2)焊丝的质量:焊丝表面必须光滑平整,不应有毛刺、划痕、锈蚀和氧化皮等,也不应有对焊接性能或焊接设备操作性能具有不良影响的杂质。焊丝的镀铜层要均匀牢固,用缠绕法(图 9-53)检查镀铜层的结合力时,不应出现起鳞与剥落现象。焊丝的挺度应使焊丝均匀连续送进。

2. 二氧化碳气体

(1)纯度:二氧化碳的纯度不应低于 99.5%(体积法),其含水量不超过 0.005%(重量法)。

(2)使用:焊接前应放出一部分气体,检查其是否潮湿。气瓶中的压力降到 1MPa 时,应停止用气。

图 9-53　用缠绕法检查焊丝

3. 电焊机

焊接机在使用前应带电检验,其各电气开关、指示灯应灵活、好用。送丝机构要能保证送丝连续、均匀,并根据要焊的零部件选择适当的焊接电流及电压。

4. 角钢

按设计要求,将需要焊接的角钢切割成相应长短的角钢条(图 9-54)。

(二)工艺流程

(1)切割备用的角钢工件尽可能平放,各需要焊接的角钢件应使用大力钳定位、稳固。

(2)先点焊成形,经检验点焊成形的零部件符合图纸要求后,再焊接。

(3)尽可能采用平焊。如采用立焊,施焊方向应为自上而下。但修补咬边时,可由下而上。

(4)根据角钢件厚度、焊接位置选择焊接电流。

(5)根部焊道的最小尺寸应足以防止产生裂纹。

图 9-54　角钢条

(6)金属过渡方式和焊接速度都应使每道焊缝将附近母材与熔敷金属完全熔合,且不得有溢流,气孔和咬边等现象。

(三)焊缝要求

(1)角焊缝:母材厚度小于 6.4mm,最大焊缝尺寸为母材厚度;母材厚度大于 6.4mm 时,应较母材厚度小 1.6mm,或按图纸要求。

(2)钻焊:钻焊最小孔径应大于开孔件厚度加 8mm。

(3)对接头焊接:对接头和角接头焊接,根部间隙最大为 2~3mm。

(4)对接和角接,焊缝条高不得超过 3.3mm,并缓和过渡到母材面的平面。

(四)焊缝表面要求

除角接接头外侧焊缝外,焊缝或单个焊道的凸度不得超过该焊缝或焊道实际表面宽度值的 7% +1.5mm,同时去除焊渣。

(五)检查

(1)零部件的材质:焊接前应对零部件材质进行复核检验,以免材质用错,同时才能确定选用相应的焊接工艺。

（2）零部件之间的位置：零部件的相对位置和其空间角度应符合图纸及相关标准的规定。

（3）焊口的清理：零部件的焊口及附近表面应清理干净，无毛刺、熔渣、油、锈等杂物。

（4）焊缝质量的检查：焊缝尺寸符合图纸及相应标准规定，焊缝不允许有裂纹、夹渣、气孔和咬边等焊接缺陷，若发现应及时处理。

（5）焊接强度检查：使用万能材料试验机，夹持焊接件两端进行拉伸，其拉伸强度不低于400MPa。

课题四　制作操作台

课题任务

根据以下课题内容，请在你本人亲自制作操作台之前，先设计一套完整的制作流程。

课题内容

一、操作台结构样图

准备制作的操作台，其结构样图如图9-55所示。

二、工具与设备的准备

根据制作工艺设计的思想，在所有操作之前，应全部准备好以下用具、工具和设备：

图9-55　操作台结构样图

（1）清洁的足够宽敞的场地，220V外接交流电源，灭火器等必要的安全防护设施。

（2）蓄气能力在0.5MPa以上的压缩空气气源。

（3）等离子切割机、二氧化碳气体保护焊接设备及焊丝。

（4）型材切割机、气动磨削机(即气动砂轮机)。

（5）钢卷尺、钢直尺、记号笔、台虎钳、手锤、大力钳、手套、防护面罩等。

（6）待用的角钢和薄钢板。

三、制作过程

1. 切割型钢、板材

型钢和板材(薄钢板)的切割，采用边操作边切割的办法，以利于准确量取型钢的长度和薄钢板的边长,修整边角后再进行焊接。

(1)切割角钢。

第一步:用钢卷尺在角钢型材原料上量取 1.0m 长,并用记号笔打上标记。

第二步:将角钢原料夹紧在型材切割机上切割(图 9-56)。

第三步:再量取 1.0m 长的下一段,再切。直到将 12 根待用角钢件全部切割完毕。

(2)切割薄钢板。

根据边操作边切割的原则,切割薄钢板安排在角钢架全部焊接完成之后更为合适。切割顺序为:

第一步:用钢卷尺确认角钢架平台边长。

第二步:用钢直尺和记号笔在薄钢板原料上量取相应边长度并画线,待割。

图 9-56 角钢原料夹紧与切割

第三步:将薄钢板原料平放在架空的平台上,磨光欲与等离子切割机正极连接的位置和起弧位置。

第四步:将等离子切割机正极线良好搭接在薄钢板上,接通电源并调整好切割参数,拿稳切割枪按画线位置进行等离子切割,如图 9-57 所示。

◇小提示:切割前应充分估算出后续焊接各处所需留出的材料余量,切割后如出现不平整的切割边界,可用气动砂轮机将其整形平齐后再进行焊接。

2.焊接操作

(1)焊接操作台架子。

第一步:将立柱、横梁杆拼接,并用大力钳将预焊位置固定好,如图 9-58 所示。

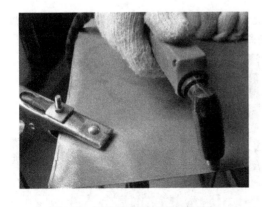

图 9-57 用等离子切割机切割薄钢板

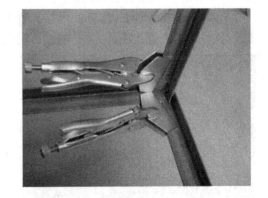

图 9-58 用大力钳固定预位置

第二步:采用二氧化碳气体保护焊直流反接(反极性)焊法,焊件接阴极、焊丝接阳极(图 9-59),将第一个接触点焊牢。

第三步:用同样的方法,完成总共 8 个接触点的二氧化碳气体保护焊焊接。

◆小提示：每焊接一个接触点之前须将另一端也用大力钳固定好，以保证焊接位置平齐、等长。

第四步：清理焊渣，检查焊点质量（图9-60），如有焊接不牢的要及时补焊或重焊。

第五步：检查并处理边角锐利角料。用气动砂轮机磨平焊接后形成的锐利边角，同时磨平焊接时产生的焊点锐料。处理完毕，需仔细察看所处理的边角锐料是否还存在，甚至可以用戴手套的手轻轻抹过，如果发现还存在锐利角料，要及时进行彻底的磨削处理，如图9-61所示。

◆小提示：第四步和第五步的操作是为焊接薄钢板平台做前期准备。

（2）焊接操作平台。

第一步：在清理好架子焊接质量的基础上，用钢卷尺测量确认平台边长（图9-62），并切割薄钢板待用（图9-57）。

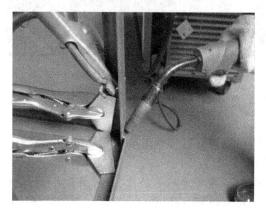

图9-59　用二氧化碳气体保护焊焊接钢架

图9-60　清理焊渣并检查焊点质量

第二步：将切割好的薄钢板放到角钢架子上，并用大力钳夹紧待焊，如图9-63所示。

第三步：采用二氧化碳气体保护焊直流正接（正极性）焊法，焊件接阳极、焊丝接阴极（图9-64），用较快的速度焊接操作平台。

第四步：焊接后续处理，参照焊接操作台架子时的第四步和第五步，对平台焊接的焊渣进行清理，检查焊点质量，并处理边角锐利角料。

图9-61　处理边角料

图9-62　确认焊接架子边长

3. 复检成品

第一步:检查操作台的站姿,如有倾斜或高低现象,则为不合格产品。

第二步:复检台面是否平整,接缝是否紧密,如果接缝过松甚至有裂开的可能,则需要及时补焊。

第三步:复检整个操作台边角锐料和焊点的清理效果,如果仍然存在则需要及时、彻底地清理。

图9-63 用大力钳固定薄钢板与架子

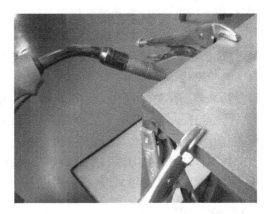

图9-64 用二氧化碳气体保护焊焊接操作平台

四、收整工作与后续处理

1. 收整工作

制作操作台的操作过程完成后,要按照5S的要求,收拾整理场地和工具、设备。

2. 后续处理

后续处理指的是切割、焊接制作完成后,还需要对操作台进行喷漆的处理过程,使最终的操作台成为样品(图9-56)一样的成品。

项 目 小 结

1. 修理厂大量应用气动工具,常用的有气动磨削、气动切割锯、气动錾子、气动剪、气动锉、焊点转除钻、打孔器、气动除锈器、气动折边机。

2. 气动分割工具的使用,一般要求能够自行安装与拆放工具,使用前须试运转和调试;用气动锯锯削板材时先选择并安装锯条,连接好压缩气管,做好工件的安装,按照舒适与实用的锯削姿势进行锯削作业,操作完毕须收拾整理。

3. 等离子切割设备以等离子切割控制箱为主,由切割电源、控制箱、割炬(切割枪)和供气系统等部分组成。

4. 等离子切割设备是用等离子弧来切割金属的。等离子弧能量密度可达 $100\,000 \sim 1\,000\,000 W/cm^2$,温度近 $20\,000 \sim 30\,000 ℃$,焰流速度大,可达 $300 m/s$ 以上。等离子弧切割使用范围大,能够切割绝大部分金属和非金属材料。

5. 用等离子切割设备切割工件时,需连接一个清洁、干燥的 $0.3 \sim 0.5 MPa$ 压缩空气源,并将搭铁线、控制线缆和切割抢气管连接到控制箱,将正极电缆连接好并夹持在工件上;根据工件材料和厚度调节好输出电流,打开控制箱电源并进行试操作。

6. 将切割枪的铜嘴保护套与工件切割处接触(带维弧的铜嘴与工件距离 2mm 左右),割炬与工件夹角保持 45°角。按下切割枪上的控制按钮引燃起弧,之后适当提高割炬,让其距离工件 1mm 左右,即可根据所刻画的切割位置进行切割作业。切割作业完成后需按照 5S 的标准收拾整理工作场所。

7. 二氧化碳(CO_2)气体保护焊机有半自动焊和自动焊两种类型,由焊接电源、送丝机构、焊炬和行走系统(自动焊)、供气系统和冷却水系统、控制系统等部分组成。

8. 二氧化碳气体保护焊的规范参数有电源极性、焊丝直径、电弧电压、焊接电流、气体流量、焊接速度、焊丝伸出长度、直流回路电感。

9. 二氧化碳气体保护焊的焊接过程包括:除了保证二氧化碳气体保护焊设备能正常使用之外,要对焊丝及 CO_2 气体做准备并确认符合要求,然后调整或确认各焊接参数,采用合适的焊接方法完成焊接工作,最后还需对焊件进行后续处理并检查确认焊接质量。

10. 制作操作台的过程,是通过切割板材,然后进行焊接,同时对焊接质量进行确认检查,复检成品,完成后续处理,最后对设备、场地进行收拾整理。

练习题

一、填空题

1. 在修理厂,因为手动工具简单粗糙、效率低,电动工具质量大、体积大,应用逐渐减少。而气动工具有_____、体积小,减轻工作人员的劳动强度的特点,因此被大量应用。

2. 车身修复、板材分割过程中常用的气动切割锯,其运动方式是_____。

3. 当切割厚度在 3mm 以上时,最好使切割枪与工件成_____角。

4. 切割枪试操作,是拿起切割枪,按下控制按钮,控制箱内电磁阀有动作声音,能听到高频引弧放电声,同时切割枪喷嘴有_____流出。

5. 二氧化碳(CO_2)气体保护焊机有_____和自动焊两种类型。

6. 半自动二氧化碳(CO_2)气体保护焊机由焊接电源、_____、焊炬、_____、控制系统等部分组成。

7. 二氧化碳气体保护焊的规范参数有电源极性、_____、电弧电压、_____、气体流量、焊接速度、焊丝伸出长度等。

二、选择题

1. 锯削硬钢、薄板及薄壁管子时,应该选用( )。
  A. 厚齿锯条   B. 粗齿锯条   C. 细齿锯条

2. 用等离子切割设备切割厚度 6mm 以上的材料时,最好先从材料的( )开始切割。
  A. 中心区域   B. 边缘   C. 任意位置

3. 等离子切割机切割用电源的输出空载电压一般大于 150V,其开路电压有可能达到( )V,所以切割枪和内部接线的绝缘很重要。
  A. 250~400   B. 380   C. 110~220

4. 自动式二氧化碳(CO_2)气体保护焊机比半自动保护焊机多了一套(　　)。
   A. 焊接电源　　　　　B. 送丝机构　　　　　C. 行走系统

三、简答题
1. 气动分割工具的调试与使用有什么具体要求？
2. 等离子切割设备的操作过程有哪些工作？
3. 使用等离子切割设备有哪些注意事项？
4. 使用二氧化碳气体保护焊焊接工件，其工艺过程应包括哪些工作？
5. 请根据实际经验，谈谈制作操作台的操作工艺流程。

项目十　制作箱类作品

学习目标

完成本项目学习后,你应能:
1. 知道电阻点焊原理;
2. 正确使用电阻点焊焊接设备;
3. 能综合运用切割、焊接技术制作箱类作品。

建议课时:14课时

前面的项目学习了如何展开零件,如何按展开图切割。本项目要进行的就是利用前面的知识,将切割后的板料通过电阻点焊的方法制作成箱类作品。常用的电阻点焊设备是电阻点焊机,原理和操作方法简单,在汽车制造业中应用非常多(图10-1)。点焊机按照用途分,有万能式(通用式)、专用式。按照同时焊接的焊点数目分,有单点式、双点式、多点式。按照加压机构的传动方式来分,可以分为脚踏式、电动机—凸轮式、气压式、液压式、复合式(气液压合式)等。对整体式车身,电阻点焊是应用最多一种焊接方法。下面我们将通过学习电阻点焊设备,结合以前学过的切割知识完成简单箱的制作。

图10-1　电阻点焊在车身中的应用

课题一　电阻点焊

课题任务

1. 完成下列填空。
(1) 点焊是指焊接材料在_____、_____、_____的作用下产生的_____

使焊接区熔合连接在接头处产生一个熔合点的焊接技术。

(2) 电阻点焊的操作步骤为：_____、_____和_____。

(3) 焊点是指钢板_____后_____在一起的部分。

(4) 点焊最适合于薄钢板(_____~_____mm)。

(5) 点焊焊接经验和专业技术_____需要。

(6) 由于是在母材的重叠面结合，所以_____从外观判断结合状况的好坏。

2. 认识下列焊接器具，并将工具名称填写在对应的方框内。

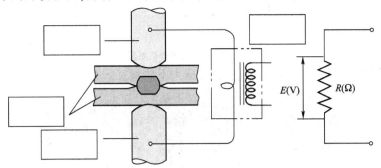

一、电阻点焊的定义

点焊是指焊接材料在电极压力、短时间、大电流的作用下产生的电阻热使焊接区熔合连接在接头处产生一个熔合点的焊接技术。

二、电阻点焊原理

(一) 电阻点焊焊接原理

电阻点焊焊接原理如图 10-2 所示，点焊是焊件在接头处接触面的个别点上被焊接起来，点焊要求金属有较好的塑性。焊接时，先把焊件表面清理干净，再把被焊的板料搭接装配好，压在两柱状铜电极之间，施加压力压紧。当通过足够大的电流时，在板的接触处产生大量的电阻热，将中心最热区域的金属很快加热至高塑性或熔化状态，形成一个透镜形的液态熔池，继续保持压力，断开电流，金属冷却后，形成了一个焊点。点焊由于焊点间有一定的间距，所以只用于没有密封性要求的薄板搭接结构和金属网、交叉钢筋结构件等的焊接。如果把柱状电极换成圆盘状电极，电极紧压焊件并转动，就能形成一个连续并重叠的焊点，形成焊缝。它主要用于有密封要求或接头强度要求较高的薄板搭接结构件(如油箱、水箱等)的焊接。

(二) 电阻点焊操作步骤

电阻点焊的操作步骤为：施加压力、施加电流和保持压力。

1. 施加压力

施加压力如图 10-3 所示。其目的是：

(1) 压紧零件。

（2）维持焊接电阻：如果电阻太低，生成热量不够；反之，生成热量过多。

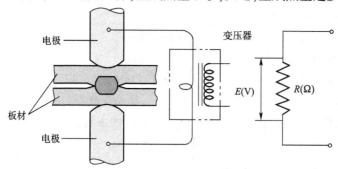

图 10-2　电阻点焊焊接原理

（3）建立封闭压力：当焊接热量形成，在压力下热量扩散至焊接金属。

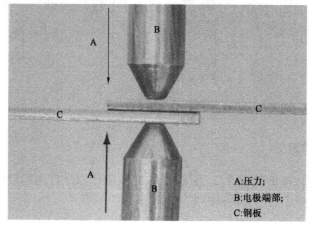

图 10-3　施加压力

2. 施加电流

施加电流如图 10-4 所示，大电流在两个电极端部之间通过，电流流经被紧压的钢板时会产生大量的电阻热，在两个电极端部之间钢板温度迅速上升。持续施加电流，钢板的接

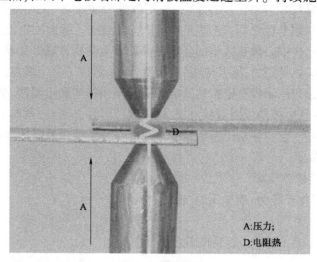

图 10-4　施加电流

触表面熔化,施加压力使钢板熔合在一起。

3. 保持压力

保持压力如图 10-5 所示,电流停止后,在熔合部位冷却前,保持施加在钢板上的压力;熔化的部位冷却后凝固的金属形成圆而平的焊点。这种结构非常紧密,机械强度很高。

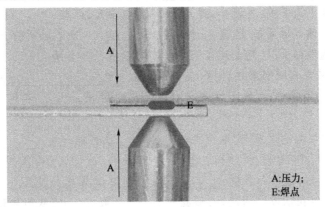

图 10-5 保持压力

◎小提示:焊点是指钢板熔化后焊接在一起的部分。

三、电阻点焊的特性

(1)焊接时间短且加热区域小,所以钢板几乎不会变形。
(2)点焊最适合于薄钢板(0.7~1.4mm)。
(3)焊接经验和专业技术并非特别需要。
(4)由于是在母材的重叠面结合,所以很难从外观判断结合状况的好坏。
(5)施加电流时会产生磁场。
(6)焊机质量较大。

课题任务

1. 认识下列焊接器具,并将工具名称填写在对应的方框内。

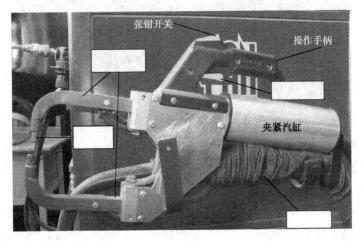

2. 完成下列有关影响点焊因素的填空。

（1）_____、焊接_____和通电_____会极大地影响点焊的焊接效果。此外，_____和钢板_____以及点焊_____也会对焊接效果产生影响。

（2）点焊焊接压力影响：压力大，焊点____；压力小，焊点____。

（3）点焊焊接电流影响：电流小，焊点_____；电流大，焊点____。

（4）点焊焊接通电时间影响：通电时间短，焊点_____；通电时间长，焊点_____。

（5）如果电极端部太脏，则电流在从电极流向钢板时会有所____，从而导致钢板之间的电流不足。如果电极端部磨损，则焊点直径无法达到_____，从而导致焊接强度不足。如果持续使用焊机，则电极端部将过热且提早磨损，_____将增大，从而导致焊接强度不足。

（6）如果钢板之间有间隙，则电流可能_____或可能产生_____。如果电极端部和钢板的接触表面上有涂料、锈蚀和脏污，则电流将_____，从而导致焊接强度不足。

（7）如果间距太小，则将产生_____电流，从而导致焊接强度不足。如果_____太小，则熔融金属可能在钢板之间流动，形成一个_____或_____，从而导致焊接强度不足。

课题内容

四、电阻点焊机的组件

电阻点焊机的组件以现在较流行便携式（奔腾 fan）为例。

1. 夹具

电阻点焊机的夹具如图 10-6 所示。

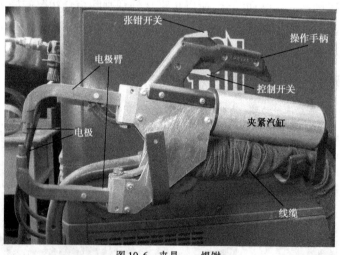

图 10-6 夹具——焊钳

焊钳传导电流至电极头并支持焊接力，它由高电导率和高强度的铜类材料制成。操作手柄上的控制开关时，向钢板施加压力并使电流通过电极端部，会使待焊接的钢板产生大量热量，使得钢板之间的接触面开始熔化，从而达到焊接目的。其中线缆是点焊机必要组成部分，要求有高的电导率和高强度，它是由细铜丝拧成的绳，并且由管子中的冷却水来冷却，大电流流过时不被加热。电极头是由铜铬合金制成，有良好的导电性和导热性，并在高温下保持硬度和不易磨损。手动控制焊接电路的通断、电极加压和卸压。夹紧汽缸为电极臂和电极提供强大的夹紧力。

2. 控制装置

电阻点焊机的控制装置如图 10-7、图 10-8 所示。

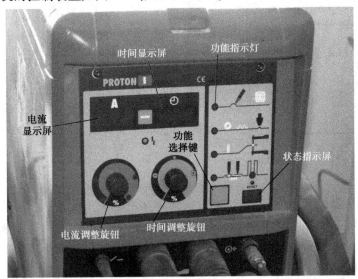

图 10-7　控制面板（前面）

图 10-8　控制面板（后面）

3. 焊机电源

焊机电源利用变压器和整流器将 380V 交流电转换为低电压、大电流的直流电。

五、影响点焊的因素

压力、焊接电流和通电时间会极大地影响点焊的焊接效果。此外，电极端部和钢板状态以及点焊位置也会对焊接效果产生影响。

1. 压力

（1）作用：在两个电极端部之间施加电流，使电流通过钢板，不产生毛边（焊点上突出的金属毛刺）或喷溅；焊接部位凝固前保持钢板紧密接触。

(2)影响:压力大,焊点小;压力小,焊点小(图10-9)。

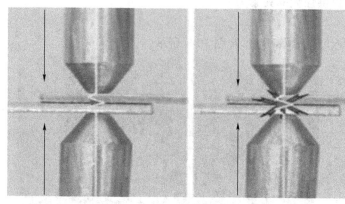

a)压力大　　　　　　　　b)压力小

图10-9　压力影响焊点

◇**小提示**:如果压力小,则电流在电极流向钢板时会有所消耗,从而导致钢板之间的熔合不足。如果压力太小,而钢板和电极端部之间会产生火花,可能导致表面产生毛边。如果压力太大,钢板的接触面积会增大,从而导致电流在整个增加的接触表面上分散,这会使生成的焊点变小,且焊接强度会减弱。

2. 焊接电流

(1)作用:提供电阻热熔化焊接区域,直接影响焊接区域和焊接强度。

(2)影响:电流小,焊点小;电流大,焊点大(图10-10)。

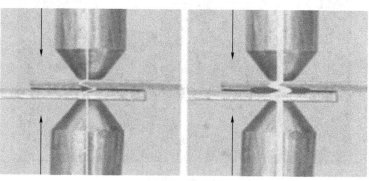

a)电流小　　　　　　　　b)电流大

图10-10　焊接电流影响焊点直径

◇**小提示**:如果电流太小,则焊点直径会很小且焊接强度会不足。如果电流太大,则会导致喷溅。如果焊接压力增大且接触面积增加,则不会出现喷溅。焊接电流和焊接压力之间有相互关系,彼此相互影响。

3. 通电时间

(1)作用:让电阻热有充足的时间起作用,直接影响焊点直径的大小和热量的传递。

(2)影响:通电时间短,焊点小;通电时间长,焊点大(图10-11)。

a) 通电时间短　　　　　　　　b) 通电时间长

图10-11　通电时间影响焊点

◇**小提示**：如果通电时间过短，则焊点直径变小且焊接强度不足。如果通电时间过长，则焊接区域产生的热量会增加，从而导致钢板变形，或者在钢板上形成深度凹陷，使钢板变薄，造成焊接强度不足。一定时间后，即使继续施加电流，产生的热量会向周围分散，因此焊接区域的温度不再升高，焊点直径保持不变。

4．电极端部状况

（1）要求：电极端部必须干净无尘、无磨损和无热量积聚。

（2）影响：如果电极端部太脏，则电流在从电极流向钢板时会有所消耗，从而导致钢板之间的熔合不足。如果电极端部磨损，则焊点直径无法达到正确尺寸，从而导致焊接强度不足。如果持续使用焊机，则电极端部将过热且提早磨损，电阻将增大，从而导致焊接强度不足。

（3）维护：如果电极端部磨损，则用电极铰刀进行修整。如图10-12所示，如果持续使用焊机，为防止热量聚积在电极端部，可以向电极端部吹送空气或用湿布冷却电极端部。

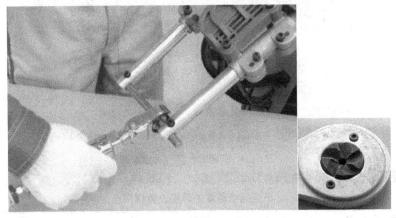

图10-12　使用电极铰刀修整电极

5．钢板状况

（1）要求：钢板之间不能有间隙。电极端部和钢板接触表面应无涂料、锈蚀和脏污（图10-13）。

（2）影响：如果钢板之间有间隙，则电流可能无法通过或可能产生火花。如果电极端部和钢板的接触表面上有涂料、锈蚀和脏污，则电流将不足，从而导致焊接强度不足。

◆小提示：对于采用电阻点焊的钢板，待焊接表面应该先进行除油、除锈和去污作业。

图10-13　电极端部和钢板的接触表面应无涂料、锈蚀和脏污

6. 焊接位置

（1）要求：根据待焊接钢板的厚度，选择合适的焊接间距和边距。

（2）影响：如果间距太小，则将产生分散电流（图10-14），从而导致焊接强度不足。如果边距太小，则熔融金属可能在钢板之间流动，形成一个孔或极小焊点，从而导致焊接强度不足。

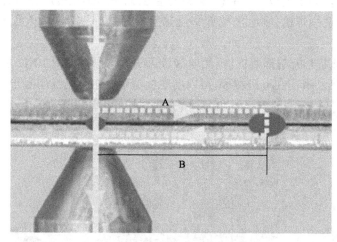

图10-14　间距太小，产生分散电流

◆小提示：不同钢板厚度的焊接位置（图10-15）指南（表10-1）。

不同钢板厚度的焊接位置指南　　　　　　　　　　表10-1

钢板厚度	间距 S	边距 P
0.6mm	11mm 或更大	5mm 或更大
0.8mm	14mm 或更大	5mm 或更大
1.0mm	18mm 或更大	6mm 或更大
1.2mm	22mm 或更大	7mm 或更大
1.6mm	29mm 或更大	8mm 或更大

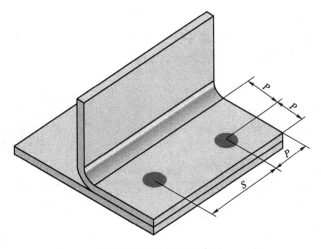

图 10-15 焊接位置示意图
P-边距；S-间距

课题任务

1. 为了确保焊接质量,电阻点焊机能产生至少_____A 的电流。
2. 不要焊接厚度超过_____mm 的钢板、_____块或以上堆叠的钢板。
3. 焊接的点数至少是原车焊接点数的_____倍。
4. 焊点太小可能的原因：(1)_____不足；(2)_____过大；(3)通电_____短。
5. 表面毛边可能的原因：(1)焊接压力对应的_____过大；(2)焊接极头的_____太小。
6. 凹痕可能的原因：(1)_____过大；(2)_____过大；(3)焊接极头的_____太小。
7. 穿孔可能的原因：(1)_____过大；(2)_____过小。

课题内容

六、焊机性能差异

钣金车间使用的点焊机性能较之生产线的焊机性能略逊一筹。因此,使用时应注意：

(1)电阻点焊机能产生至少 8800A 的电流(确保焊接质量)；
(2)可以是水冷或风冷；
(3)不要焊接车架部分；
(4)不要焊接厚度超过 3mm 的钢板、3 块或以上堆叠的钢板；
(5)焊接的点数至少是原车焊接点数的 1.3 倍。

七、电阻点焊的焊接缺陷及可能的原因

1. 焊点太小

焊点太小：焊点直径太小如图 10-16 所示。可能的原因有：(1)电流不足；(2)压力过大；(3)通电时间短。

2. 喷溅

喷溅:熔融金属从钢板之间的间隙中溅出,如图 10-17 所示。可能的原因有:(1)电流过大;(2)压力不足;(3)钢板间隙中有异物;(4)焊接极头太尖。

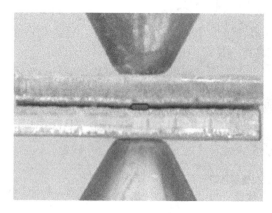

图 10-16　焊点太小　　　　　　　　图 10-17　喷溅

3. 表面毛边

表面毛边:熔融金属从电极端部和钢板之间的间隙中溅出,如图 10-18 所示。可能的原因有:(1)焊接压力对应的电流过大;(2)焊接极头的直径太小。

4. 气孔

气孔:焊点内有空气,如图 10-19 所示。可能的原因有:(1)压力不足;(2)焊接极头直径太大;(3)压力持续时间不足。

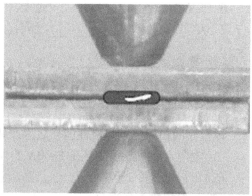

图 10-18　表面毛边　　　　　　　　图 10-19　气孔

5. 龟裂

龟裂:焊点内侧裂纹,如图 10-20 所示。可能的原因有:(1)压力不足;(2)焊接极头直径太大;(3)压力持续时间不足。

6. 凹痕

凹痕:电极端部施加压力时产生的凹陷,如图 10-21 所示。可能的原因有:(1)电流过大;(2)压力过大;(3)焊接极头的直径太小。

7. 穿孔

穿孔:熔融金属从焊接区飞溅出来,并在钢板上留下一个孔,如图 10-22 所示。可能的原因有:(1)电流过大;(2)压力过小。

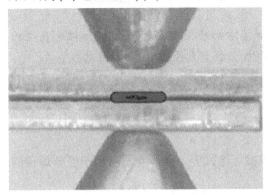

图 10-20　龟裂

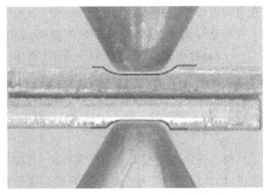

图 10-21　凹痕

图 10-22　穿孔

课题任务

1. 焊点质量的检验可采用 _____ 检验(目测)或 _____ 试验。_____ 试验用于检验焊接的强度,而 _____ 检验则是通过外观判断焊接质量。

2. _____ 检验:用肉眼看和手摸来检验焊接处的表面粗糙度、焊接位置、焊点的数量、焊点间距、压痕、气孔、溅出物。

3. _____ 检验:取一块和需要焊接的金属板同样材料、同样厚度的试验工件,施加力使焊点处分开。根据焊接处 _____ ,可以判断出焊接质量的好坏。实际进行修理焊接时不能用这种方法来检验,试验的结果只能作为调整焊接参数的参考依据。这种实验有两种方法: _____ 试验、 _____ 试验。

4. _____ 检验:在点焊完成后,将錾子插入焊接的两层金属板之间,并轻敲錾子的端部,直到在两层金属板之间的间隙能看到焊点。如果这时焊点部缝仍保持 _____ ,则说明所进行的焊接是成功的。

5. 防护器具有: _____ 、 _____ 、 _____ 、 _____ 、 _____ 。

6. 点焊焊接操作流程：清洁和除油，施涂＿＿＿＿＿＿＿，＿＿＿＿＿＿，准备焊机，焊机设定，＿＿＿＿＿＿，评估。

7. ＿＿＿＿＿＿＿、＿＿＿＿或电极端部角度不同，根据所要焊接的＿＿＿＿＿＿和空间等选择适当的电极臂。

8. 进行试焊，焊接时偶尔会产生小火花，焊接后钢板没有变形且钢板上留有直径约＿＿＿＿mm的小凹陷，钢板扭转分离后，确保一钢板上留有直径约＿＿＿＿mm的焊点。

八、电阻点焊焊接质量检验

焊点质量的检验可采用外观检验（目测）或破坏性试验。破坏性试验用于检验焊接的强度，而外观检验则是通过外观判断焊接质量。

1. 外观检验

外观检验如图10-23所示，除用肉眼看和手摸来检验焊接处的表面粗糙度外，还有下列项目需要检验：

图10-23 外观检验

(1) 焊接位置。焊点的位置应在板件边缘的中心，不可超过边缘，还要避免在原有的焊接过的焊点位置进行焊接。

(2) 焊点的数量。焊点的数量应大于汽车制造厂焊点数量的1.3倍。例如，原来在制造厂点焊的焊点数量为4个。4的1.3倍大约为5个新的修理焊点。

(3) 焊点间距。修理时的焊接间距应略小于汽车制造厂的焊接间距，焊点应均匀分布。间距的最小值，以不产生分流电流为原则。

(4) 压痕（电极头压痕）。焊接表面的压痕深度不能超过金属板厚度的一半，同时电极头不能焊偏产生电极头孔。

(5) 气孔。不能有肉眼可以看见的气孔。

(6) 溅出物。用手套在焊接表面擦过时，不应被绊住。

2. 破坏性检验

取一块和需要焊接的金属板同样材料、同样厚度的试验工件，施加外力使焊点处分开。根据焊接处是否整齐地断开，可以判断出焊接质量的好坏。实际进行修理焊接时，不能用这种方法来检验，试验的结果只能作为调整焊接参数的参考依据。这种实验有两种方法：

(1) 扭转试验。按如图10-24所示的位置进行焊接。然后，按图中箭头所指的方向扭转后在其中一片焊片上应留下一个与焊点直径相同的孔（图10-24）。如果该孔过小或根本就没有孔，说明焊点的焊接强度太低，需要重新调整焊接参数。

(2) 撕裂试验。撕裂后在其中一个焊片上留有一个大于焊点直径的孔（图10-25）。如

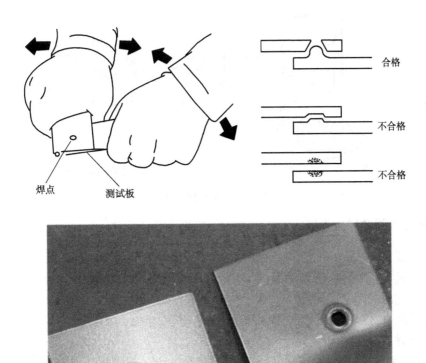

图 10-24　扭转试验

果留下的孔过小或根本没有孔,说明焊点的焊接强度太低,需要重新调整焊接参数。

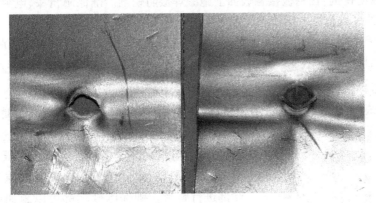

图 10-25　撕裂试验

3. 非破坏性检验

在点焊完成后,錾子和锤子按下述方法检验焊接的质量,如图 10-26 所示,将錾子插入焊接的两层金属板之间,并轻敲錾子的端部。直到在两层金属板之间的间隙能看到焊点。如果这时焊点部缝仍保持正常没有分开,则说明所进行的焊接是成功的。

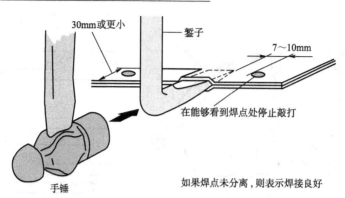

图 10-26　非破坏性试验

九、电阻点焊的操作流程

1. 防护器具

防护器具有：护目镜、防毒面具、防尘口罩、皮手套、防溶剂手套。

2. 所需物品

所需物品有：点焊机、固定夹钳、焊接防锈剂、錾子、手锤。

3. 点焊焊接操作流程

(1) 清洁和除油：清除待焊接区的锈蚀、脏污和油脂。

◆小提示：清除锈蚀应使用树枝研磨材料，小心研磨钢板本身，否则钢板会变薄。使用在除油剂中浸泡过的擦拭纸擦拭该区域，溶解表面上的油液和污物，然后在表面干燥之前，使用干净的擦拭纸进行擦拭。向表面吹送空气以使除油剂加速挥发干燥。如果清洁不充分会降低焊接强度，除油不充分会导致锈蚀。

(2) 施涂防锈剂：在钢板接触表面上施涂焊接防锈剂。确保防锈漆、电镀等已清除，且在露出底材的区域施涂一层薄防锈剂。

◆小提示：焊接防锈剂是导电的，施涂一层薄防锈剂，确保导电均匀。向表面吹送空气以使防锈剂加速挥发干燥。如果在涂料表面施涂防锈剂，则可能会导致后续喷漆缺陷。

(3) 定位钢板：定位钢板并用固定夹钳将其定位，确保防焊接时钢板不会移动。

◆小提示：在实际修理过程中，需要根据尺寸测量值和周围钢板的位置进行定位。

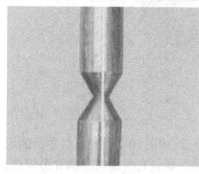

图 10-27　两电极端端部呈一条直线

(4) 准备焊机：根据待焊接区的形状选择适合的电极臂；调节电极端部位置和角度以施加压力；检查电极端部，如果脏污、磨损或端部之间有间隙，则应对电极端部进行整形。确保电极端部可以施加压力，两电极端端部接触后呈一条直线，如图 10-27 所示。电极端部与底材成直角，确保端部直径清洁且直径为理想直径状态，且电极端部对接在一起时无间隙。

夹臂长度、形状或电极端部角度不同，根据所要焊接的工件形状和空间等选择适当的电极臂，如图 10-28 所示。

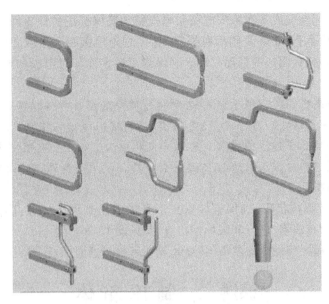

图 10-28 不同形状的电极臂

◇**小提示**:在能保证焊接的情况下,尽量选择短的夹臂以保证焊接压力,达到良好性能。如果位置和角度不正确,可能会形成异常焊点,并会导致焊接强度降低。如果电极端部脏污、磨损或电极之间有间隙,则会形成缺陷的焊点并会降低焊接强度。对于采用电阻点焊方式的钣金修理而言,不同钢板厚度、电极头直径(图 10-29)也是不一样的,合适的电极头直径才能有良好的焊接效果(表 10-2)。一般理想的电极头直径 $D \approx (2t+3)$; t 是板件厚度,单位是 mm。

理想电极头直径指南　　　　　　　　　　　表 10-2

板厚(mm)	电极头直径(mm)	板厚(mm)	电极头直径(mm)
0.6	4.0~4.5	1.2	5.5~6.0
0.8	4.5~5.0	1.6	6.5~7.0
1.0	5.5~6.0		

(5)焊机设定:根据钢板的厚度和材质调节焊接电流、电流施加时间和焊接压力,并对焊接后焊接区域进行目视检查和破坏性检查。确保焊接电流和电流施加时间以钢板厚度和材质相符;确保电极端部与钢板表面接触,无任何间隙;进行试焊,焊接时偶尔会产生小火花,焊接后钢板没有变形且钢板上留有直径 4.5~5.0mm 的小凹陷,钢板扭转分离后,确保钢板上留有直径约 4mm 的焊点。

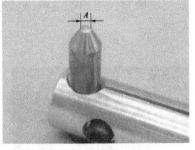

图 10-29 电极端部直径

◇**小提示**:按照《焊机操作手册》调节焊机。使用厚度和材质相同的金属板作为测试板。通过改变焊接压力调节火花,如果钢板变形,则检查电极端部看是否需要进行修整。通过破坏性试验检查焊接强度。

(6)焊接:根据钢板的形状,标记焊接位置,然后将钢板焊接在一起。如果焊点较多,热量积聚,需要利用空气或湿布冷却电极和电极臂。确保标记的焊点间距和边距正确,确保电极与钢板表面垂直;如果两侧都有焊点,焊接时先焊接四个角以防钢板错动;采用分散的焊接顺序以防钢板因热变形而移动。确保焊点较多冷却时电极和电极臂冷却至接近室温。

◎小提示:如果电极与钢板未垂直,则钢板可能会变形且焊接强度将会降低。如果电极端部接触钢板焊点以外的其他点,则电流将分散,钢板将出现痕迹且焊接强度将降低。如果集中进行焊接(沿直线依次焊接),则钢板可能移动。电极和电极臂温度高时,如果执行焊接,则焊接电流将会减小且焊接强度也会降低。使用湿清洁布冷却电极时不要带棉手套,以防烫伤双手。

(7)评估:检查焊接状况,确保钢板未变形且形成正确尺寸焊点;确保焊接区域未分离。目视检查是否有缺陷,进行非破坏性检查,参见图10-26 所示。

◎小提示:非破坏性检查结束后,要修理分离的钢板。

课题二 制作箱体

课题任务

请将箱体的制作工序,按先后顺序简要列在下面空白处。

课题内容

一、作业前准备

(1)安全防护用品:防毒面具、防溶剂手套、护目镜、口罩、耳塞、皮手套等。

(2)工具物品:1mm 钢板、清洁剂及清洁布(除油除污用)、气动钻(相邻两个弯边之间钣金角)、气动切割锯(切割用)、画针及直尺(划切割线用)、胶带纸(沿切割线粘贴,看清切割线用)、带式研磨机(研磨钢板,除毛刺用)、木锤(整形用)、电阻点焊机(带合适的电极臂及正确的电极,电焊用)、虎钳及大力钳(焊点强度检验用)、点焊漆(焊接面防锈)。

图10-30 按箱体展开图切割钢板形状

二、制作箱体

1. 切割钢板

切割折弯在前面项目学过,在此不再详述,仅做简单说明。

按照箱体整体图,将箱体展开,按展开图切割钢板如图 10-30 所示。

2. 折弯

一次折弯先对如图 10-31 所示上下两侧折弯。折弯时,注意左右两侧折弯半径要比前面折弯半径小一个板厚,要先折弯前面区域,然后折弯左右两侧,这样才能顺利完成折弯,折弯区域相互之间不受影响。

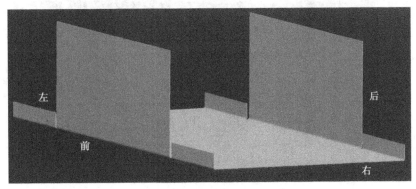

图 10-31　钢板一次折弯

◈**小提示**:使用砧板尺寸要小于箱体底面尺寸,否则折弯不能实现。

一次折弯之后,进行二次折弯(图 10-32)。

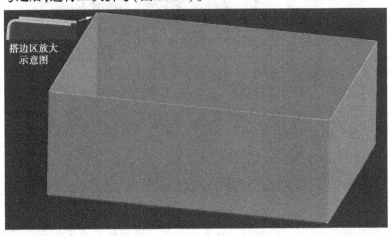

图 10-32　钢板二次折弯

3. 焊接

按项目一所述电阻点焊流程进行焊接:

(1)对搭边待焊区清洁和除油。

(2)对搭边待焊区施涂防锈剂。

(3)使用大力钳固定搭边待焊区。

(4)选择电极臂,调整电极位置和角度,修整电极头。

(5)设定焊机(图 10-33):设定点焊功能,焊接压力 5～6bar,时间 35%,电流 75%,如图 10-33 所示。试焊并评估焊接强度。

试焊件固定好后先用食指轻按压力焊钳(图 10-34)控制开关夹紧板件,然后扣动焊钳上控制开关,听到"嘀"的一声,此过程系统自动保压和断电,等待 3～4s 松开控制开关,电极随之卸压,然后再去按张钳开关,焊钳自动张开,焊接结束。

注意:听到"嘀"的一声,不要立即按动压力控制开关卸压,此时焊接区温度较高,压力

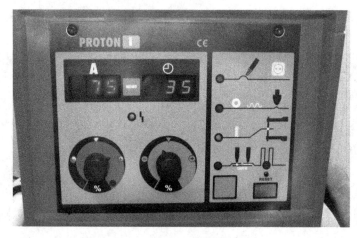

图10-33 焊机设定

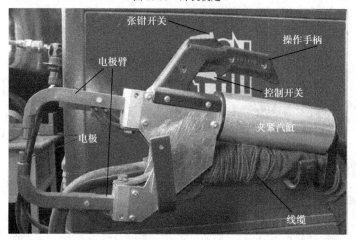

图10-34 焊钳

大,如果此时迅速卸压,板件受压变形的强大回复力将使得焊点强度被削弱,焊接不可靠。

(6)焊接:保证电极与钢板面的垂直,焊点间隔18mm以上,边距6mm以上,如图10-35所示。

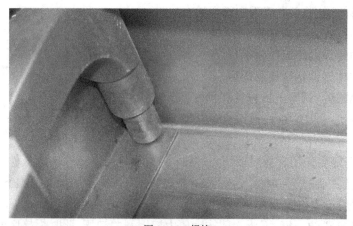

图10-35 焊接

(7)冷却及评估:如果焊点较多,要注意冷却电极,以免影响焊接质量。目测焊点形态及热影响区与试焊点是否一致,如有异常,使用非破坏性试验评估焊接质量。

(8)作业后收拾整理。焊接作业完成后,必要时(如果不需要继续切割作业),拆除气源快速接口,关闭设备电源;清洁设备并收拾好气管,并松开夹板件用的大力钳,取下板件,将单独放置妥当;收拾工作场所,清扫地面。至此箱体制作完成,结束作业。

项 目 小 结

1.点焊是指焊接材料在电极压力、短时间、大电流的作用下产生的电阻热使焊接区熔合连接在接头处产生一个熔合点的焊接技术。

2.点焊焊接的影响因素:压力、焊接电流和通电时间会极大地影响点焊的焊接效果,此外电极端部和钢板状态以及点焊位置也会对焊接效果产生影响。

3.压力、焊接电流和通电时间影响点焊的焊接效果:压力大,焊点小;压力小,焊点小。电流小,焊点小;电流大,焊点大。通电时间短,焊点小;通电时间长,焊点大。此外电极端部和钢板状态以及点焊位置也会对焊接效果产生影响。

4.电阻点焊的焊接缺陷及可能的原因。焊点太小可能的原因:(1)电流不足;(2)压力过大;(3)通电时间短。喷溅可能的原因:(1)电流过大;(2)压力不足;(3)钢板间隙中有异物;(4)焊接极头太尖。表面毛边可能的原因:(1)焊接压力对应的电流过大;(2)焊接极头的直径太小。气孔可能的原因:(1)压力不足;(2)焊接极头直径太大;(3)压力持续时间不足。龟裂可能的原因:(1)压力不足;(2)焊接极头直径太大;(3)压力持续时间不足。凹痕可能的原因:(1)电流过大;(2)压力过大;(3)焊接极头的直径太小。穿孔可能的原因:(1)电流过大;(2)压力过小。

5.焊点质量的检验可采用外观检验(目测)或破坏性试验。破坏性试验用于检验焊接的强度,而外观检验则是通过外观判断焊接质量。

6.外观检验:用肉眼看和手摸来检验焊接处的表面粗糙度、焊接位置、焊点的数量、焊点间距、压痕、气孔、溅出物。

7.破坏性检验:取一块和需要焊接的金属板同样材料、同样厚度的试验工件,施加力使焊点处分开。根据焊接处是否整齐地断开,可以判断出焊接质量的好坏。实际进行修理焊接时不能用这种方法来检验,试验的结果只能作为调整焊接参数的参考依据。这种实验有两种方法:扭转试验、撕裂试验。

8.非破坏性检验:在点焊完成后,将錾子插入焊接的两层金属板之间,并轻敲錾子的端部,直到在两层金属板之间的间隙能看到焊点。如果这时焊点部缝仍保持正常没有分开,则说明所进行的焊接是成功的。

9.点焊焊接操作流程:清洁和除油,施涂防锈剂,定位钢板,准备焊机,焊机设定,焊接,评估。

练习题

一、填空题

1.点焊是指焊接材料在_____压力、_____时间、_____电流的作用下产生的电阻热使焊接区熔合连接在接头处产生一个熔合点的焊接技术。

2. 点焊焊接的影响因素：_____、_____和_____会极大地影响点焊的焊接效果，此外_____和_____以及_____也会对焊接效果产生影响。

3. 焊点质量的检验可采用_____检验(目测)或_____试验。

4. _____试验用于检验焊接的强度，而_____检验则是通过外观判断焊接质量。

5. 外观检验：用肉眼看和手摸来检验焊接处的表面_____、焊接_____、焊点的_____、焊点间距、压痕、气孔、溅出物。

6. 破坏性检验：取一块和需要焊接的金属板同样材料、同样厚度的试验工件，施加力使焊点处分开。根据焊接处是_____，可以判断出焊接质量的好坏。

7. 破坏性检验有两种方法：_____试验和_____试验。

8. 非破坏性检验：在点焊完成后，将錾子插入焊接的两层金属板之间，并轻敲錾子的端部，直到在_____能看到焊点。如果这时焊点部缝_____，则说明所进行的焊接是成功的。

9. 点焊焊接的点数至少是原车焊接点数的_____倍。

10. 点焊焊接操作流程：清洁和除油，_____，定位钢板，准备焊机，焊机设定，焊接，_____。

二、判断题

1. 对整体式车身，电阻电焊是应用最多一种焊接方法。（   ）
2. 点焊焊接三大影响因素：焊接电压、通电时间和电极压力。（   ）
3. 点焊焊接较易从外观判断结合状况的好坏。（   ）
4. 点焊焊接压力大，焊点小；压力小，焊点小。（   ）
5. 点焊焊接电流小，焊点小；电流大，焊点大。（   ）
6. 点焊焊接通电时间短，焊点小；通电时间长，焊点大。（   ）
7. 点焊焊接时如果间距太小，则焊点更多，焊接强度更好。（   ）
8. 如果电极端部和钢板的接触表面上有涂料、锈蚀和脏污，将会导致焊接强度不足，所以不得使用防锈剂，以免影响焊接质量。（   ）
9. 在能保证焊接的情况下，夹臂可以随便选择。（   ）
10. 点焊时听到"嘀"的一声，要立即按动压力控制开关卸压。（   ）

三、简答题

1. 什么是电阻点焊？其特点是什么？
2. 电阻点焊影响因素有哪些？
3. 简述电阻点焊的焊接缺陷及可能的原因。
4. 简述电阻点焊的操作流程。
5. 电阻点焊的评估方法有哪些？如何判定焊点的焊接质量？
6. 点焊时焊点位置和电极注意事项有哪些？

参 考 文 献

[1] 中国汽车维修行业协会. 车身修复[M]. 北京:人民交通出版社,2008.
[2] GB/T 16923—2008 钢件的正火与退火[S]. 2008.
[3] GB/T 7232—1999 金属热处理工艺术语[S]. 1999.
[4] GB/T-16924—2008 钢件的淬火与回火[S]. 2008.
[5] 黄平. 汽车车身修复技术[M]. 北京:人民交通出版社,2005.
[6] 吴洁,张磊. 冷作钣金工实际操作手册[M]. 沈阳:辽宁科学技术出版社,2006.
[7] 周宇辉. 钣金工入门[M]. 合肥:安徽科学技术出版社,2009.
[8] 刘森. 汽车钣金工基本技术[M]. 北京:金盾出版社,2001.
[9] 何永恒,黄勇. 汽车钣金工等级考试必读[M]. 北京:金盾出版社,2010.
[10] 祖国海. 汽车钣金工艺与技能训练[M]. 北京:中国劳动社会保障出版社,2004.
[11] 孙景荣,等. 实用焊工手册[M]. 北京:化学工业出版社,2007.
[12] 丰田汽车公司. 钣喷修理培训手册. 2010.
[13] 刘云龙. CO_2气体保护焊技术[M]. 北京:机械工业出版社,2009.
[14] 林权. 钣金制作实训指导书[OL]. 武夷学院电子工程系.
[15] 章飞,翟斌. 钣金展开与加工式艺(第二版)[M]. 北京:机械工业出版社,2007.
[16] 李冀荣. 科普讲座大客车漫谈[OL]. 2011.